SEJA BEM-VINDO AO MEU NOVO LIVRO.
ESTE VOLUME VEM ACOMPANHADO DE UMA APP GRATUITA,
CRIADA A PENSAR EM SI.
SIGA AS INDICAÇÕES E ENFRENTE A VIDA DE CORAÇÃO ABERTO!

1. Pode efetuar o *download* gratuito da *app* **Miafulness** através de um *smartphone* ou *tablet* numa destas lojas:

2. Ao longo do livro, no "Momento Heartful", encontrará os seguintes símbolos:

3. Aponte a câmara para o símbolo da respetiva página e toque no ícone que surge no ecrã.

E disfrute da app e das meditações!

MIKAELA ÖVÉN

HEARTFULNESS

Heartfulness – Enfrente a vida de coração aberto
Mikaela Övén

Publicado por:
Porto Editora
Divisão Editorial Literária – Porto
Email: delporto@portoeditora.pt

Design da capa: Nor267
Fotografia da autora: © Dulce Daniel, 2016

1.ª edição: outubro de 2016
Reimpresso em junho de 2017

Porto Editora

Rua da Restauração, 365
4099-023 Porto
Portugal

www.portoeditora.pt

Execução gráfica **Bloco Gráfico**
Unidade Industrial da Maia.

DEP. LEGAL 415596/16
ISBN 978-972-0-04884-4

**Este livro respeita
as regras do Acordo Ortográfico
da Língua Portuguesa.**

MIKAELA ÖVÉN

HEARTFULNESS

ENFRENTE A VIDA DE CORAÇÃO ABERTO

Porto
Editora

DEDICO ESTE LIVRO A TODAS AS PESSOAS QUE CRUZAM O MEU CAMINHO
EM SESSÕES DE *COACHING*, FORMAÇÕES, PALESTRAS E RETIROS.

A QUEM ACOMPANHEI DURANTE MUITO TEMPO
E A QUEM GOSTARIA DE TER ACOMPANHADO MAIS.

DEDICO-O TAMBÉM A SI, QUE NESTE MOMENTO ESTÁ COM O LIVRO NA SUA MÃO,
COM VONTADE DE VIVER UMA VIDA COM O CORAÇÃO ABERTO, PRESTES A INICIAR
O CAMINHO DE *MINDFULNESS* PARA *HEARTFULNESS*.

ÍNDICE

INTRODUÇÃO

**"Ser vulnerável é a única forma de proporcionar
ao seu coração verdadeiro prazer."**
Bob Marley

Uma das maiores dádivas do *Mindfulness*, aliado ao *Hearfulness*, é permitir-nos transformar a inevitável dor que a Vida nos proporciona com os seus diversos desafios – grandes e pequenos – em sabedoria, amor e compaixão.

A Vida também implica, às vezes, *stress*, dor, tristeza e sofrimento. E podemos responder a esses desafios de várias formas. Muitas pessoas, nesses momentos (inconscientemente), fecham os seus corações e as suas mentes. Respondem com raiva, depressão, negação, resignação... O *Mindfulness* e o *Heartfulness* convidam-nos a ter uma resposta diferente. Ajudam-nos a abrir o coração e aparecer, por inteiro, para a Vida e o que ela nos está a oferecer. E quando conseguimos realmente aparecer para a Vida conseguimos ver e aproveitar estes momentos como convites para crescermos e ganharmos mais sabedoria.

Andei sempre em busca de sentidos e de respostas. Já em pequena dedicava horas e horas a pensar sobre os grandes mistérios da Vida. Com o tempo essa constante busca de algo, que não sabia bem o que era, virou-se para dentro, para depois gradualmente parar e as grandes perguntas cessaram. Não porque tenha de repente encontrado as respostas certas, mas porque aceitei que a vida é um mistério onde a felicidade e a dor se acompanham. E que todas as tentativas de nos livrarmos da dor e sentirmos apenas felicidade falham. Senti uma quietude, ou talvez tenha simplesmente descoberto algo que afinal sempre aqui esteve: a certeza de que está tudo bem! E soube isso, não num momento da minha Vida fácil e divertido, mas no meio do maior desafio emocional que alguma vez tive. Esse "Está tudo bem!" não me fez parar e mudar-me radicalmente para a gruta na montanha na Índia, onde vivi momentos intensos e onde promovo retiros anualmente. Fez-me render ao fluir da Vida, algo que às vezes implica atividade e um ritmo mais acelerado, e outras vezes calma e descanso. Fez-me conectar com a intenção que tem estado presente como um fio condutor na minha existência: fez-me chegar a casa. Mostrou-me que o tesouro mais precioso que tenho é a sabedoria do coração.

Às vezes ainda tenho momentos em que me apetece fugir para a "minha" montanha na Índia, ou mudar-me para o campo e cuidar da minha horta, limitando o contacto com a correria da vida "normal", longe dos compromissos profissionais, das pessoas que às vezes deixo que me incomodem e do medo instalado na nossa sociedade que resulta em tanto sofrimento. Mas, praticamente no mesmo instante em que tenho esse pensamento, costumo receber um convite para me expor mais… Por isso, aqui estou, aqui estamos. Vamos juntos explorar o que quer dizer viver com o mantra "Está tudo bem!".

Convido-o ainda a pintar as mandalas que vou espalhando pelo livro e a ouvir as meditações guiadas que gravei para si, e que se encontram disponíveis no final de cada capítulo, no "Momento Heartful".

Com o coração aberto,
Namasté

1

→ Pinte a mandala da página seguinte com atenção plena e com o coração aberto. E, no final, se preferir, recorte-a e guarde-a num sítio que o faça feliz.

DO *MINDFULNESS* AO *HEARTFULNESS*

"A viagem mais longa é a viagem para dentro."
Dag Hammarskjöld

Sinto que vivi muito tempo em piloto automático. Sobretudo na fase que se seguiu ao nascimento da minha primeira filha. Nessa altura, pensava que para lidar com tudo com sucesso – as muitas horas diárias de trabalho dedicadas a um grande projeto, enquanto o meu marido se dedicava a outro igualmente desafiante, tratar do lar e tomar conta de uma criança – tinha de ter um enorme controlo sobre todas as situações e de me tornar especialista em multitarefas. Mas lembro-me, por exemplo, de precisar de ligar em cima da hora à minha sogra para lhe pedir que fosse buscar a minha filha à escola, quando era suposto ser eu. E que isto aconteceu várias vezes.

Quando soube que estava grávida do meu segundo filho – uma gravidez muito desejada –, e decidi que era o momento de contar à minha filha que teria um irmão, recordo-me de a sentar no sofá, de nos abraçarmos e de lhe dar a novidade. Ela ficou muito feliz, pois há muito tempo que nos pedia um irmão. Saltou de novo para os meus braços e, nesse novo abraço, senti uma questão a ganhar força na minha mente: E agora? Como vamos, eu e o meu marido, ter tempo para tudo, para todos, para nós? E eu para mim?

O meu segundo filho nasceu em 2008. Foi um bebé muito tranquilo até completar 2 anos. Até aí, dormia longas sestas, o que me permitia dedicar a algo de que gosto muito: estudar e explorar novos conhecimentos. O tempo investido na descoberta e no estudo teve uma grande utilidade mais tarde, quando tive de lidar com este pequeno guru que me começou a desafiar das mais variadas formas.

Desde que me conheço que ando à procura de "algo", sem saber bem o quê. Já meditava há alguns anos, uns períodos com maior intensidade, outros com menor, e comecei a sentir um chamamento muito profundo. Lia cada vez mais, investigava, falava muito sobre esse sentimento. E algures nesta demanda encontrei a palavra *Mindfulness*. No início, nem a palavra sabia escrever corretamente, ora escrevia *Mindfullness*, ora *Mindfulness*, com um L. Mas isso não travou a minha curiosidade de saber mais sobre este conceito.

Em 2009 fiz o primeiro retiro de *Mindfulness*. Foi orientado por três monges budistas vindos da comunidade do Thich Nhat Hanh, Plum Village, em França. Vivi-o com toda a intensidade, com a sensação imediata de estar a chegar a casa. Percebi que não precisava de estar constantemente numa situação de grande esforço para conseguir fazer tudo o que "tinha" de fazer. Senti que gastara muita energia a tentar criar e manter a Vida que achava que devia ter, ao invés de aceitar a Vida exatamente como ela é.

O retiro era passado em silêncio e na maior parte do tempo a meditar. Estava sentada numa sala com mais 40 ou 50 pessoas. Um espaço quente, um pouco abafado, pequeno para tanta gente… O meu lugar era à frente de uma janela e, mesmo com os olhos fechados, sentia a luz e via as sombras das folhas das árvores no exterior a dançarem no interior das minhas pálpebras. Tínhamos passado três dias em silêncio. Era o último dia do retiro e eu sentia-me cheia, completamente preenchida. Ao mesmo tempo, sentia-me leve, a voar, fazendo parte de tudo, de um todo; sentia-me centrada e enraizada. Ouvia tudo muito alto. Cada bater do coração, a minha respiração. Ouvia os sons dentro de mim da mesma forma que ouvia os sons fora de mim. Os limites entre mim, os outros, a sala e o lugar eram difusos, ou talvez inexistentes. Estava sentada na mesma posição há mais de uma hora e tinha algumas dores no corpo. Nas costas, nas pernas. O desconforto era notório, mas não senti vontade absolutamente nenhuma de fazer algo em relação a ele. Observava-o e deixava partir qualquer julgamento ou avaliação que surgisse. A mente estava quieta. Os pensamentos passavam despercebidos. Aconteciam exatamente como o bater do coração, o calor, a respiração, a dor que sentia e a dança das sombras. Já não observava apenas a minha respiração. Observava o todo. Sem limites, sem separação. Não tinha de fazer rigorosamente nada para me sentir melhor. Havia uma clareza nunca antes experienciada que irradiava a partir da zona do coração. Estava ali, conscientemente presente, não com o coração a transbordar, porque o coração parecia já não ter limites, mas com o coração completamente aberto e com uma sensação de preenchimento absoluto. Foi a minha primeira experiência consciente de *Heartfulness*.

Durante o retiro, tudo o que fazíamos ressoava em mim, e a vontade de dedicar mais tempo ao *Mindfulness* cresceu. Iniciei assim uma intensa caminhada, passo a passo, até ao dia, poucos anos mais tarde, em que recebi o certificado de instrutora de *Mindfulness*.

Quando comecei a dar formações sobre *Mindfulness*, poucas pessoas conheciam o seu significado. Hoje, é praticamente o contrário. É raro encontrar alguém que não tenha, pelo menos, ouvido falar da palavra.

Para mim, e desde o retiro inicial, o *Mindfulness* transformou-se num estilo de Vida. Por vezes desvio-me um pouco dos seus ensinamentos, mas sei que está tudo bem. Tenho essa certeza porque, apesar dessas pequenas distrações, o *Mindfulness* permite-me sempre voltar a conectar-me (e de forma mais célere) com a minha força e sabedoria interior.

→ O QUE É O *MINDFULNESS?* ←

Mas, então, o que é o *Mindfulness*? A tradução mais corrente para português é Atenção Plena ou Consciência Plena. Eu prefiro outra tradução, que, para mim, descreve melhor o que é o *Mindfulness*: Presença Consciente. Quando pratico *Mindfulness*, estou Conscientemente Presente, no Agora, observando propositadamente este momento, sem julgamentos. Reparo nesta experiência, no presente. Dentro e fora de mim. Podemos alcançar esta observação de um modo formal, através da meditação *Mindfulness*, ou de um modo informal, através da observação de nós próprios e das nossas experiências no dia a dia.

Para entendermos melhor o que é o *Mindfulness*, temos de recuar um pouco, ir às suas raízes. A meditação *Mindfulness* teve a sua origem em práticas budistas com mais de 2500 anos. O príncipe Siddharta Gautama (mais tarde, Buda, o Iluminado) dedicou a sua Vida à busca da causa do sofrimento e ao alívio do mesmo. Buda discursou sobre *Satipahna*, o termo em páli que designa o conceito budista das bases do *Mindfulness*. Ele falava sobre a observação, em presença consciente, do corpo, das sensações, da mente, dos objetos mentais e recomendava a prática do *Mindfulness* como uma forma de ultrapassar o luto, a tristeza, a dor e a ansiedade, mas também como um meio para atingir a felicidade.

Em 1979, o *Mindfulness* começou a ser utilizado de forma terapêutica pelo Dr. Jon Kabat-Zinn e os seus colegas na Clínica de Redução de Stress da Universidade de Massachusetts, através do conhecido programa de oito semanas, o MBSR (*Mindfulness-Based Stress Reduction* – programa de redução de *stress* baseado no *Mindfulness*), já disponível em Portugal. Muitos anos mais tarde, em 2001, outro programa, o MBCT (*Mindfulness-Based Cognitive Therapy* – terapia cognitiva baseada no *Mindfulness*), igualmente de oito semanas, foi desenvolvido por Mark Williams, John Teasdale e Mindel V. Segal, para combater a depressão. Trata-se, hoje em dia, de um programa recomendado pelo Serviço Nacional de Saúde britânico a pessoas que já sofreram vários episódios de depressão. Na sua essência, os dois programas são bastante parecidos, apenas se dirigem a públicos ligeiramente diferentes, mas ambos incentivam a observação consciente e livre de julgamentos da experiência do presente. De referir que as evidências científicas dos muitos benefícios da prática de *Mindfulness* assentam nomeadamente nos estudos dedicados a estes programas.

ISTO NÃO É *MINDFULNESS* NEM *HEARTFULNESS!*

Quando falo em *Mindfulness*, reparo que para as pessoas entenderem o que significa esta prática torna-se relevante falar também daquilo que não é. Isto porque existem alguns mal-entendidos em relação à meditação e, mais especificamente, à meditação *Mindfulness*. Partilho aqui alguns:

1. Quando meditamos, não temos necessariamente de esvaziar por completo a mente. Muitas pessoas julgam que por não conseguirem silenciar os pensamentos não sabem meditar, meditam mal ou que nunca vão conseguir meditar. Quero esclarecer que quando praticamos a meditação *Mindfulness*, não estamos a tentar esvaziar a nossa mente, mas a observar os nossos pensamentos. Iremos, eventualmente, reparar em padrões típicos que todos temos e nas histórias recorrentes que contamos (que, acredite, são, por vezes, dignas de um Óscar!). A maior parte das pessoas não está consciente destas histórias nem da influência que as mesmas têm diariamente nas suas escolhas e ações. Quando tomamos consciência destas histórias, podemos mais facilmente avaliar da sua verdade ou ficção.

2. Para meditar, não precisamos de estar sentados, com as pernas cruzadas em posição de lótus, numa almofada, no chão. O mais importante não é a posição, mas a intenção e a atitude enquanto praticamos. Se vamos praticar *Mindfulness* e queremos estar atentos, claro que é preferível adotarmos uma posição de alerta, mas

relaxada. Pode utilizar uma cadeira ou encostar-se à parede, por exemplo. Ou deitar-se no chão (se não estiver a praticar à noite, com algum sono!). Vá ajustando a posição se sentir desconforto.

3. O *Mindfulness* não é uma prática exclusivamente budista! As diferentes religiões adotam as suas próprias práticas meditativas e *Mindful*. O islão e o hinduísmo têm-nas, assim como o cristianismo que, por exemplo, incentiva a oração contemplativa, uma prática muito *Mindful*.

4. A intenção da meditação *Mindfulness* não é fazer relaxar ou atingir algum estado alterado. Podemos sentir um maior relaxamento com a prática, mas não é esse o objetivo; se acontecer, acontece. Quando praticamos a meditação *Mindfulness*, estamos a abrir-nos para o que estiver a acontecer no Agora, no momento presente. Enquanto meditamos, os pensamentos e as emoções irão aparecer, e até podem ser bem desafiantes; e isso é benéfico porque, ao convivermos com o que é difícil num momento "bom", saberemos depois lidar melhor com isso no dia a dia.

5. O *Mindfulness* não tem nada que ver com pensamento positivo. Não temos de adorar cada aspeto da Vida e achar tudo maravilhoso. Quando praticamos *Mindfulness*, estamos abertos a todas as experiências. O que parece bom, o que parece mau e o que parece neutro. Tudo merece a mesma atenção. Quando temos esta abertura, entendemos como tudo é efémero, como tudo vem, fica um pouco e vai. E que está tudo bem.

6. O *Mindfulness* não é uma cura milagrosa. Não é uma ida ao ginásio. Não é uma dieta. Não é um medicamento. Mas a vontade de sentir menos ansiedade, menos *stress*, mais foco e concentração, ou até de perder peso, pode conduzir-nos à prática do *Mindfulness*. Assim que surge a intenção de o praticar, podemos agradecer o que nos levou até ele e deixar essa razão partir para nos dedicarmos ao *Mindfulness* sem expectativas e julgamentos. Se nos agarrarmos a um objetivo específico, este vai conduzir a nossa prática e limitar a nossa experiência. Transforma-se, facilmente, numa

expectativa, e com o *Mindfulness* não queremos ter, nem temos, expectativas sobre como algo deveria ser. Estamos a treinar o nosso "músculo de *Mindfulness*" para que ele se torne cada vez mais forte. E esse treino mantém-se também nos momentos menos agradáveis, ensinando-nos a querer estar com o que é para estar em cada momento.

7. Só porque praticamos *Mindfulness* não significa que nunca mais iremos ficar ansiosos, *stress*ados, tristes ou frustrados. Quer dizer que vamos conseguir lidar cada vez melhor com a ansiedade, o *stress*, a tristeza e a frustração quando estas emoções aparecerem.

8. Viver no momento não significa nunca pensar no futuro ou nunca falar em memórias. Viver no momento revela que estamos a prestar atenção à nossa experiência enquanto ela está a acontecer. Quando sabemos realmente o que está a acontecer, ficamos mais aptos para decidir e influenciar o que se seguirá e para lidar com o que foi.

Quando partilho aquilo que o *Mindfulness* não é, as pessoas costumam ficar mais relaxadas em relação à sua prática. Entendem que não existe o certo e o errado. E, assim, ganham vontade e energia para praticá-lo. Eu própria demorei muito tempo a entender o que a meditação e o *Mindfulness* não eram. E foi quando o percebi que consegui verdadeiramente começar a viver uma Vida *Mindful*. Deixei partir a grande pressão que colocava sobre mim e o meu desempenho. Compreendi que, por vezes, apareciam muitos pensamentos enquanto meditava, outras vezes, poucos, e, em algumas ocasiões, parecia até haver um vazio na minha mente. Mas essa diferença não era sinal de que meditava bem ou mal; em todas as situações fazia apenas uma coisa: meditava.

E sentia algo com todo o vigor: quanto mais integrava o *Mindfulness* na minha Vida, mais ligada ficava ao meu coração.

MINDFULNESS, MIAFULNESS E HEARTFULNESS

O *Mindfulness* tornou-se uma grande moda, tanto no mundo clínico como fora dele. Cada vez mais pessoas procuram esta "técnica", como muitas vezes é referenciada. O *Mindfulness* é já valorizado como uma ferramenta terapêutica, tal qual uma dieta, um programa num ginásio ou um medicamento. O que não é tão comum é ouvir-se falar do *Mindfulness* como uma forma de viver. Mas é precisamente isso que o *Mindfulness* é para mim, e não apenas um programa de oito semanas; se for considerado um programa, é um programa para a Vida. Quando começamos verdadeiramente a praticar, não é possível estipular-se um prazo final. A prática será constante e para o resto da Vida.

Há algum tempo que sinto a necessidade de utilizar uma palavra diferente. Por muito que adore a palavra *Mindfulness*, começo a senti-la um pouco esgotada e insuficiente. Não quero que se confunda o que faço com programas que prometem uma Vida melhor após oito semanas ou com outras promessas comerciais. Para fugir a esta interpretação, costumo dizer que pratico *Miafulness*. Sei que o *Mindfulness* pode fazer imenso por si, que pode mudar a sua Vida Agora, enquanto lê estas frases. Basta ter essa intenção. Mas não quero apenas incentivá-lo a começar uma prática formal diária de *Mindfulness*, quero inspirá-lo e influenciá-lo a viver uma Vida *Mindful* Agora e daqui para a frente.

Nestas minhas reflexões sobre o que é o *Mindfulness* para mim, encontrei a palavra *Heartfulness*. Quando falo em *Heartfulness*, quero devolver o *Mindfulness* às raízes. Praticar *Heartfulness* significa estabelecer uma conexão com o nosso interior, com os outros e com a Vida. E é nesta conexão que a nossa Vida muda, que nos sentimos melhor, mais felizes, mais preenchidos, mais em paz. É nesta conexão que sentimos menos *stress* e menos ansiedade. Isto não acontece porque praticamos a meditação *Mindfulness* uma vez por dia. O *Mindfulness* não elimina as emoções negativas, mas permite-nos recebê-las e conviver com elas de coração aberto. Permite-nos, assim, sentirmo-nos bem com o facto de nos estarmos a sentir mal! Quando lhe juntamos o *Heartfulness*, além de observarmos o momento presente, sem julgamentos, exatamente como ele é, como fazemos quando praticamos *Mindfulness*, trazemos intencionalmente amor e compaixão para esse mesmo momento.

SERÃO A MENTE
⇥ E O CORAÇÃO UM SÓ? ⇤

Jon Kabat-Zinn, o "pai" do *Mindfulness* no Ocidente, referiu que quando ouvimos a palavra *Mindfulness* devemos também ouvir a palavra *Heartfulness*, caso contrário vamos interpretar mal e achar que é mais uma técnica cognitiva. Diz-se que em várias línguas asiáticas o termo para designar mente e coração é o mesmo. Fiz algumas pesquisas para verificar se é mesmo assim, e percebi que, mais do que uma questão linguística, trata-se de uma questão cultural. Existem algumas dúvidas sobre a tradução do termo chinês *xīn* (心) para outras línguas. Ora se traduz para "coração", ora para "mente". A verdade é que a existência de dois termos parece ser uma necessidade ocidental. Um chinês não tem dúvidas sobre o significado de *xīn* (心).

Nós, ocidentais, convencemo-nos, de certa forma, de que o coração e a mente são duas entidades separadas, e até é habitual dizermos que os dois estão em conflito. Essa dualidade de coração e mente parece ter origem nas ideias de Aristóteles, o filósofo grego. Ele falava do coração e da mente como duas forças distintas. E a mente, ou a razão, era considerada superior à emoção (o coração). A filosofia do racionalismo influenciou a ideia que se tem da mente e do coração no mundo ocidental. Não sei se essa era a intenção de Aristóteles, mas a realidade é que se foi desenvolvendo uma ideia de superioridade da mente em desfavor do coração. A forma como se educa, em casa e na escola, tem sido influenciada, ao longo dos tempos, por esta ideia de superioridade da mente e da razão. Mas são cada vez mais as pessoas que questionam essa superioridade, porque não se sentem bem, porque não faz sentido ou porque sentem que não é a verdade. Há algo que lhes transmite uma coisa diferente. Talvez seja o coração a sussurrar-lhes. A mente grita muito alto, mas se nos permitirmos parar e silenciar, conseguimos ouvir esse sussurrar do coração.

Se não houvesse esse problema de tradução da palavra *xīn* (心), provavelmente não se debateria muito o assunto, utilizava-se 心, e pronto. Alguns tradutores optaram por uma solução diferente, agrupando as duas palavras: "coração-mente". Para nós, ocidentais, entender o significado original do conceito pode ser bastante desafiante. Parece aludir a um sexto sentido, um saber não-conceptual, a consciência, aquilo que vê antes de haver pensamento e interpretação do seu sentido. Ao *Heartfulness*, precisamente. É como se tivéssemos um centro de controlo, o coração, não o coração físico que bate e mantém a nossa "máquina" viva, mas um coração "espiritual" que nos faz ver, guia e orienta. Na verdade, quando estamos conectados com o nosso interior, sentimos no nosso coração quando algo está certo ou não. De certeza que já sentiu isso e sabe do que falo! Infelizmente, a forma racional de educar desliga, até certo ponto, essa conexão. A boa notícia é que através da prática consciente do *Heartfulness* conseguimos criar uma nova conexão.

RAZÕES CIENTÍFICAS PARA PRATICAR *HEARTFULNESS*

Está cientificamente comprovado que o *Mindfulness* reduz a ansiedade e o *stress*. Os estudos demonstram que os níveis de *stress* realmente diminuem. Se olharmos para os estudos científicos realizados sobre as práticas de *Mindfulness* focadas no *Heartfulness*, como a Meditação Metta (Meditação de Compaixão ou Bondade Amorosa), descobrimos outros benefícios. Estas práticas aumentam os níveis de oxitocina, a hormona do amor!

Para mim, a meditação Metta é a principal forma de meditar na prática de *Heartfulness*, e é uma meditação que se ensina em todos os cursos de *Mindfulness*. Além disso, se eu puder dizer que há uma meditação preferida, a minha é, sem dúvida, esta.

Na meditação Metta, procuramos desenvolver emoções de bondade, compaixão, empatia e simpatia perante os outros e perante nós mesmos. Emoções consideradas básicas para o ser humano. A ciência demonstra os inúmeros benefícios da prática deste tipo de meditação. Emma Seppälä (Ph.D. e diretora científica do *Stanford University's Center for Compassion and Altruism Research and Education*) é quem mais se tem dedicado à investigação destes efeitos, confirmando que vão desde um bem-estar geral, ao alívio de doenças e aumento da inteligência emocional. Os estudos apontam que estes benefícios tanto acontecem a curto prazo, no imediato ou numa prática pontual, como a longo prazo, com efeitos duradouros.[1]

Além do mais, os cientistas também já demonstraram que o coração apresenta uma aura e uma inteligência particulares. A aura pode ser "lida" pelo coração e pelo cérebro de outras pessoas. A aura energética do coração está sempre a pulsar e influencia o ambiente à nossa volta. Este coração energético e intuitivo é o que muita gente chama de voz interior, e toda a gente tem a sua. Mesmo quem acha que não tem; nestes casos, o que acontece é que a pessoa simplesmente não a está a ouvir. O *Heartmath Institute* tem estudado meticulosamente o fenómeno, defendendo que se vivermos a nossa Vida em coerência com o nosso coração, o mundo à nossa volta será afetado, porque saberemos comunicar melhor, criar melhores relações e tomar decisões mais ecológicas. O problema é que a mente, a razão e o ego têm tomado conta dos nossos processos de decisão, e a maior parte das pessoas não está verdadeiramente a ouvir o coração.

Uma vez li que a oração se refere a quando falamos com Deus, enquanto a meditação acontece quando O ouvimos. Imagine que o nosso único objetivo é ouvir e prestar atenção, com amor e compaixão. Muitas

---

1. Pode saber mais aqui: http://www.emmaseppala.com/18-science-based-reasons-try-loving-kindness-meditation-today/

vezes dizemos: "Ouve o teu coração!" Mas o que significa realmente isso? E como se faz? Como se ouve de forma límpida, calando as deixas da mente, silenciando o nosso comentador interno? Como é que se pode ouvir com atenção plena o que o coração está a dizer e, ainda por cima, com amor e compaixão? Praticando *Heartfulness*, claro!

QUANDO COMEÇAR A
⇒ PRÁTICA DE *HEARTFULNESS* ⇐

A maioria das pessoas está disposta a investir numa prática, formação, sessão de *coaching*, mensalidade num ginásio ou dieta nova quando quer mudar algo, e se lhe for prometido algum retorno. Se assim não for, muitas vezes desiste, considerando que não vale a pena. Com o aumento exponencial da procura do *Mindfulness*, também tenho notado este padrão. As pessoas tendem a tratá-lo como mais um método qualquer, o que está a "dar", o que está na moda. E vale a lógica do "só dou se receber o que quero receber". E, de preferência, rapidamente.

Além disso, a prática de *Mindfulness* parece ter de encaixar numa agenda já muito preenchida, e a seguir a tudo o resto que "tem" de se fazer. E são muitas as vezes em que se adia o seu início para "quando tudo estiver mais calmo".

Deixe-me dizer-lhe que para começar a praticar *Mindfulness* e *Heartfulness* não precisa de qualquer plano. Pode fazê-lo se quiser e se funcionar para si. Se é daquelas pessoas que, em vez de realizar os planos, adia a entrada em ação, então desista já da ideia de fazer um plano.

Quando coloca a intenção de praticar no futuro, do género "vou começar no início do próximo mês" ou "vou começar quando as coisas estiverem mais calmas", permita-me que o avise de que o mais provável é nem começar. Ou começa agora, ou não começa. Para começar precisa apenas de si e da sua disposição para abrir o coração e praticar. Respire fundo.

Feche os olhos. Foque-se na respiração na zona do coração. Mantenha esse foco durante um minuto. Boa, já está! Deu início à sua prática!

Sim, pode mesmo ser assim tão simples. É mesmo assim tão simples.

Por isso, não lhe vou sugerir um plano com um primeiro e último dia. Existem outros livros para isso. O convite que lhe faço é começar agora mesmo, enquanto lê estas palavras. Assuma responsabilidade pela sua energia e o seu coração. Agora. Vai sentir-se melhor e influenciar positivamente todos e tudo à sua volta.

As práticas que proponho neste livro vão permitir-lhe ouvir melhor o seu coração, a sua alma. Vão permitir-lhe ouvir-se melhor. Vão proporcionar-lhe clareza. Abrir-lhe o coração e, quando temos o coração completamente aberto, começamos a viver a Vida. Conseguimos ver e sentir que está tudo bem. Só quando tem o coração aberto pode sentir-se preenchido interiormente e dar, assim, o seu contributo ao mundo. Sendo simplesmente quem é, de uma forma autêntica e verdadeira. Livre de crenças limitadoras sobre como tudo "deve" ou "tem" de ser. Livre e capaz de assumir a responsabilidade por si mesmo, e vivendo de acordo com a sua intenção.

A seguir, vai encontrar um pequeno contrato que o convido a assinar. Escreva a data de hoje e o seu nome. Porque hoje é um dia histórico. É o primeiro dia do resto da sua Vida (eu sei que é uma música e um estereótipo, mas é um daqueles estereótipos mesmo bons e verdadeiros!). Hoje é o dia em que começa a viver de uma forma *Heartful*, por si, pelos outros e pelo mundo.

CONTRATO

Eu, ..., comprometo-me, a partir de hoje, a dar prioridade ao coração, ao amor e à compaixão na minha Vida. Por mim, pelos outros e pelo mundo.

Data: ....

Assinatura: ....

AS 9 ATITUDES DE *HEARTFULNESS*

Convido-o a explorar estas nove atitudes na sua Vida. Procure utilizá-las em situações de desafio. Leve-as consigo como um recurso muito valioso.

Abertura

Criar espaço e estar aberto para o que é é um dos grandes segredos da prática de *Heartfulness*. É um parar da mente e um abrir do coração. Imaginar e sentir o coração a abrir nos momentos que nos desafiam permite-nos aceder a um bem-estar que não depende de nada. A abertura é um excelente ponto de partida para a prática de todas as atitudes aqui propostas.

Não-julgamento

Quando começamos a prestar verdadeira atenção aos pensamentos uma das primeiras coisas que descobrimos é que julgamos imenso. Estamos constantemente a fazer avaliações. Julgamos os acontecimentos, as pessoas e somos especialistas no auto-julgamento. Muitas vezes julgamo-nos a nós mesmos mais do que alguma vez julgaríamos os outros. Quando praticamos esta atitude podemos reparar e reconhecer o pensamento julgador com compaixão, sem julgar que estamos a julgar.

Paciência

A prática de *Mindfulness* e *Heartfulness* não resolve os nossos problemas num instante. Não existe nenhuma competição, existe uma vida a viver, uma vida a amar. Pode demorar até conseguir sentir algum tipo de "resultado" da sua prática, e está tudo bem. Ter paciência significa estar em paz com o fluir da Vida. Lembre-se de que, se abrir um casulo antes do tempo, não verá uma borboleta.

Mente de Principiante

As crianças olham para o mundo com espanto, vendo tudo como novo e interessante. Nós, adultos, olhamos demasiadas vezes para a nossa Vida através dos filtros do hábito e da rotina. Mas se quisermos mesmo viver em verdade conseguimos entender que tudo o que fazemos fazemos pela primeira e última vez. Não existe um único momento igual ao outro.

Confiança

Aprender a confiar no processo e permitir que a Vida flua é essencial na prática de *Mindfulness* e *Heartfulness*. Ao mesmo tempo que a prática em si vai desenvolver essa confiança. Quando começa a estar profundamente conectado com o seu coração, quando está atento ao *feedback* que o seu corpo lhe oferece, acede à sua sabedoria interior.

Não-esforço

Um dos grandes paradoxos nesta prática é que, se a começarmos a fazer com o resultado específico em mente e com muitas expectativas, então é provável que nos desiludamos. Quanto mais focados estivermos num fim, mais estaremos a avaliar (a julgar) o processo e os resultados que estão a ser obtidos (ou não). O convite é focar-se no aqui e agora, e entender que para chegar até "ali" temos de estar aqui.

Aceitação

Aceitar não quer dizer desistir, concordar, resignar ou aprovar. Simplesmente quer dizer que estamos a ver as coisas como realmente são e não como gostávamos que estivessem. Aceitar significa estar em paz com o que é.

Deixar ir

Significa desapegar-se da necessidade de arranjar e mudar as coisas. Significa deixar ir a necessidade de controlo. Todos sabemos deixar ir, fazemo-lo todos os dias: ao pousar os talheres no prato, ou ao deitar à noite, deixamos ir.

Generosidade

Estamos rodeados de generosidade. A Mãe-Terra é generosa connosco independentemente da forma como a tratamos. Ser generoso sem expectativas, uma generosidade que vem diretamente do coração, conecta-nos com os outros e permite-nos experienciar a união.

MOMENTO HEARTFUL
MOMENTO HEARTFUL

Feche os olhos. Coloque toda a atenção no seu coração (se isso não for confortável para si, então foque-se no peito; se não resultar, na barriga). Observe. Observe o que sente. Abra os olhos, "sacuda" o corpo um pouco. Agora procure a sensação do amor. Feche os olhos. Pense numa situação específica em que sentiu muito amor. Ouça o que ouviu, sinta o que sentiu, veja o que viu naquele momento. E deixe a sensação de amor preenchê-lo, de dentro para fora. Observe. Fique o tempo que lhe for confortável.

CONVIDO-O AGORA A FAZER A **MEDITAÇÃO METTA**, DISPONÍVEL NA APP MIAFULNESS E EM WWW.PORTOEDITORA.PT/MIAFULNESS

2

→ Pinte a mandala da página seguinte com atenção plena e com o coração aberto. E, no final, se preferir, recorte-a e guarde-a num sítio que o faça feliz.

VIVA COM INTENÇÃO

SENTIU O AMOR

Como é que a rosa
Abriu o seu coração
E ofereceu ao mundo
Toda a sua beleza?
Sentiu-se encorajada pela luz
Sobre o seu Ser,
De outra forma,
Permanecemos todos
Amedrontados de mais.

Hafiz

Em março de 2013, encontrei-me numa gruta de uma montanha no sul da Índia. E de forma literal. Tivera um final de 2012 muito turbulento. Não sabia se continuaria a trabalhar nos projetos que estava a desenvolver. Não sabia se manteria a minha relação amorosa. Não sabia se ficaria em Portugal ou se voltaria para a Suécia. Não sabia por que razão estava na Índia. Não sabia bem porque estava naquela gruta, naquela montanha, naquele momento. E, pela primeira vez na minha Vida, permiti-me ficar nesse "não saber" com calma, sem *stress*, sem resistência, uma vontade louca de ter respostas ou a crença de que deveria ou teria de saber. Não fazia mal "não saber".

Senti-me estranhamente confiante. E confiava mesmo que estava tudo bem. Que estava tudo certo e que a Vida me revelaria o próximo passo.

O espaço era pequeno e abafado, sobretudo para o calor que se fazia sentir. As gotas de suor eram lágrimas a percorrerem-me o corpo. E apesar das diversas razões aparentes para desanimar, não estava triste. As lágrimas que o meu corpo escorria limpavam, deixavam ir, tudo aquilo que já não me servia. E na minha mente ouvia as expressões, como se fossem dois mantras: *Toma conta de ti antes de tomares conta dos outros* e *O que é que tu queres?* Não estava preocupada com o facto de não saber o que iria acontecer em relação ao meu trabalho, aos meus projetos… As perguntas que me surgiam queriam saber o que eu queria sentir, o que queria fazer por mim, qual o meu propósito para esta valiosa, única e arrojada experiência de Vida!

E, permitindo-me não saber, sem esforço, limitando-me a simplesmente estar ali presente, num ambiente claustrofóbico ao qual normalmente resistiria, de repente soube. Soube qual era a minha intenção.

A INTENÇÃO
CRIA A REALIDADE

O que quer? Como se quer sentir? E o que está a fazer para isso acontecer? Conhece a intenção para a sua Vida, relações, saúde ou trabalho? Costuma refletir sobre estas questões?

Uma intenção é um princípio que o guia em relação à pessoa que quer ser, a forma como quer viver e surgir para a Vida. As intenções guiam as ações e, quando transforma as suas intenções em intenções conscientes, reclama o seu poder pessoal. Com as intenções bem definidas saberá o que fazer a qualquer momento.

Colocar uma intenção antes de qualquer ação é o primeiro passo para conseguir o que quer. Quando tem uma intenção bem definida, tudo se alinha para conseguir o que quer. A mente, os pensamentos e o coração seguem todos na mesma direção.

Nas aulas de ioga, em algumas técnicas de meditação ou no mundo do *coaching* fala-se muito em definir intenções antes de se iniciar uma prática ou sessão. Podemos transportar esse hábito para qualquer momento da nossa Vida. Desde o momento em que acordamos até nos deitarmos. Qual é a sua intenção? Quando o alarme toca de manhã e decide carregar no *snooze*, qual é a sua intenção? Quando ultrapassa um carro de uma forma menos prudente, qual é a sua intenção? Quando grita com o seu filho, qual é a sua intenção?

O que aconteceria se de manhã, ainda antes de sair da cama, colocasse a si mesmo uma intenção para o seu dia?

> **"A nossa intenção cria a nossa realidade."**
> *Wayne Dyer*

⇉ O QUE REALMENTE QUER? ⇇

A intenção é o legado que deixa quando encontra o que é mais importante para si e quando começa, de uma vez por todas, a viver de acordo com isso. Criamos o nosso mundo exterior a partir do nosso interior. E quanto mais bonito, tranquilo, harmonioso e amoroso estiver o nosso mundo interior, mais bonito, tranquilo, harmonioso e amoroso será o nosso mundo exterior. Certamente já sabe isto!

Qualquer sonho, ideia ou desejo precisou de uma intenção para se manifestar, seja qual for a área da sua Vida. No amor, no trabalho, na saúde. Tudo o que acontece começa com uma intenção. Tudo na sua Vida começa com uma intenção, consciente ou inconsciente. A leitura deste livro, o pequeno-almoço que tomou, o que vai fazer a seguir, tudo principia com uma intenção.

Num dos textos indianos mais antigos e sagrados, os *Upanishads*, podemos ler: "Você é o seu desejo mais profundo. O seu desejo é a sua intenção. A sua intenção é a sua vontade. A sua vontade é o seu destino." Ou seja, isto do poder da intenção não é mesmo nada de novo!

A CIÊNCIA PROVA
O PODER DA INTENÇÃO

A importância do poder da intenção tem sido estudada e provada. Não se trata apenas de uma ideia esotérica. Há cada vez mais evidências científicas que comprovam os efeitos da intenção. Lynn MacTaggart tem-se dedicado a este assunto, juntamente com alguns dos melhores cientistas da área que compõem a sua equipa.[2] São vários os estudos que mostram que a intenção da mente consegue influenciar e mudar os resultados que alcançamos. A ciência fez já várias descobertas que revelam o quanto a nossa consciência afeta o nosso mundo físico.

INTENÇÕES
NÃO SÃO OBJETIVOS

É importante esclarecer que uma intenção não é um objetivo. Um objetivo tem sempre uma intenção por detrás. A intenção não traz expectativas. Não tem um fim. Não é tangível. Por exemplo, "quero perder 10 quilos" não é uma intenção, mas um objetivo. Qual é a intenção da perda dos 10 quilos? Quando conhece a intenção por detrás do objetivo surgem muitos outros aspetos que lhe permitirão alinhar com a sua intenção.

---

2. Saiba mais em: www.theintentionexperiment.com

As intenções vêm sempre do coração e obrigam-no a estar conectado consigo mesmo. As intenções contêm emoção e propósito. Podem descrever uma emoção que quer sentir e/ou algo que sente que precisa de fazer para se sentir bem. Por exemplo:

Quero sentir-me tranquilo/a.
Quero sentir mais amor.
Quero sentir-me bem nutrido/a.

Vou amar incondicionalmente.
Vou praticar o não julgamento.
Vou praticar a aceitação.

As intenções ajudam-no a ficar mais alinhado com a Vida. É como um propósito com o qual se compromete. Quando define uma intenção, está a alinhar a mente com o coração.[3]

Desde aquela vivência na gruta no sul da Índia que não passo um dia sem pensar nas minhas intenções. Antes de dar uma formação ou palestra, ir de férias, nas minhas relações (com o meu companheiro, os meus filhos, a minha família, os meus amigos, etc.) e a cada amanhecer, defino as minhas intenções.

Quando conheço as minhas intenções, consigo avaliar se estou ou não no bom caminho. Começar cada dia com uma intenção e ter intenções para a Vida permite-me cuidar mais de mim e das minhas necessidades, ajuda-me a deixar ir o que não me serve neste momento e mostra-me o caminho a seguir, sem ter de pensar demasiado e sofrer com o processo.

---

3. Se tiver interesse em estabelecer objetivos muito poderosos recomendo a leitura do livro *Spider – Como Definir Objetivos Irresistíveis*, de Pedro Vieira, Pergaminho, 2011.

Quando pensa numa intenção, comece por formular esta pergunta: "Como é que me quero sentir?"

Quando sabe o que quer sentir, reconheça isso. Quando reconhece o que quer sentir, torna-se mais consciente e intencional. Quando bebe o café a meio da manhã, qual é a sua intenção? Como se quer sentir? Tranquilo? Relaxado? Desperto? Tome consciência disso e veja o que acontece!

Aqui ficam mais algumas perguntas que o ajudarão a definir as suas intenções:

→ O que é mais importante para si?

→ O que quer criar na Vida?

→ O que quer deixar ir?

→ Quem quer perdoar?

→ O que o faz feliz/sentir bem?

→ Que palavras descrevem o que lhe faz falta?

→ Que medos gostava de deixar ir?

→ O que o faz sentir grato?

As suas intenções, para além de "transpirarem" o que quer sentir, deverão ser pessoais, conectadas com os seus valores e aquilo em que acredita. Podem ser formuladas como desejos ou apenas com uma palavra ou frase: "Aceitação!", "Deixar ir o que não me serve!", "Compaixão!", "Sentir paz!".

É boa ideia formular as intenções de forma positiva e não focar a escassez ou falta. Ou seja, em vez de dizer "não stressar!", experimente antes "manter a calma!". Ou em vez de dizer "trabalhar menos!", talvez possa dizer "divertir-me mais!".

INTENÇÕES NO MOMENTO

Seja na aula de ioga, na corrida, na sessão de meditação, antes de entrar numa reunião ou ao acordar, permita-se uns instantes de atenção plena para definir a sua intenção. É fácil. Pense no que quer para aquele momento, o que gostaria de sentir. No ioga, pode ser sentir-se mais tranquilo; na corrida, pode ser sentir muita energia; na reunião, pode ser "passar a minha mensagem de uma forma assertiva"; para o dia, apenas "divertir--me!". Assim saberá o que precisa de fazer: no ioga, fazer cada *asana* com tranquilidade, presença e paciência; na corrida, gerir bem o esforço; na reunião, transmitir uma linguagem corporal segura, respirar fundo e falar com calma e confiança; no dia, talvez sorrir conscientemente mais vezes.

INTENÇÕES A MÉDIO PRAZO

Pode ter uma intenção particular para esta semana, para o mês seguinte ou para o próximo ano. Algo em que pretende focar-se intencionalmente durante um período de tempo. Por exemplo: "Durante as próximas nove semanas quero praticar as nove atitudes de *Heartfulness*." Nesta semana, a minha intenção é sentir o poder do não-julgamento, e na próxima a intenção é focar-me na paciência.

INTENÇÕES PARA A VIDA

Muitas pessoas andam à procura de um propósito para a Vida, um talento único ou um sentido ou objetivo específico. A verdade é que esta busca cria frequentemente mais *stress* do que alívio, porque facilmente nos focamos apenas no fazer. Quando queremos viver uma Vida *Mindful* e *Heartful*, entendemos que o "que" interessa muito menos que o "como". Como fazemos as coisas é muito mais importante do que o que estamos a fazer. Como nos sentimos enquanto fazemos o que estamos a fazer é o que dita realmente a diferença. Posso servir à mesa com a intenção de contribuir para o bem-estar de cada pessoa que sirvo. E, com essa consciência, posso sorrir com autenticidade e conduzo o diálogo, com cortesia, além do banal: "O que vai ser?" Ou posso simplesmente passar o dia a sofrer por não querer estar naquele lugar a fazer aquilo. Posso ser professora e ter a intenção de deixar uma pequena luz em cada criança que passa por mim, ou posso manter-me focada nas condições de trabalho que não são as melhores. Ou seja, posso ter a intenção clara de me divertir com tudo o que faço, de estar plenamente presente, de cultivar a paz e o equilíbrio. Posso ter a intenção de me manter curiosa em relação à Vida, ao invés de a julgar.

As intenções para a sua Vida revelam-se naquilo que é realmente importante para si, nos valores que considera como principais. Se está num período de Vida em que se sente triste, frustrado, desalinhado, perceba se está a viver de acordo com o que é mais importante para si. Pense no que está a fazer para se sentir como gostaria de sentir.

A vontade e a intenção de servir e inspirar os outros pode manifestar-se das mais variadas formas durante a Vida. Não é necessário encontrar uma única maneira de o fazer e utilizar a mesma para o resto da Vida. Pode expressar-se, por exemplo, em contextos variados, como trabalhar num escritório, num café, num lar de terceira idade, como *au pair*, na gestão de recursos humanos, enquanto *coach*, formadora e autora. Como no caso do meu percurso de Vida! E quem sabe de que outras formas mais se irá manifestar.

Existem muitas maneiras para conseguir sentir o que quer sentir, para alcançar aquilo que quer. Para começar só precisa de saber o que quer sentir.

ANTES DE FAZER QUALQUER COISA

Se não está habituado a pensar nas suas intenções, pode começar por fazer um exercício muito revelador que eu própria faço muitas vezes. Antes de avançar, pergunte: "Qual é a minha intenção?" Antes de fazer um comentário em relação a algo com o qual não está de acordo no Facebook, pergunte: "Qual é a minha intenção?" Antes de ralhar com o seu filho, pergunte: "Qual é a minha intenção?" Antes de se inscrever no ginásio, pergunte: "Qual é a minha intenção?" Antes de comprar um livro: "Qual é a minha intenção?"

PROCESSO PARA DEFINIR E LIDAR COM AS INTENÇÕES

"As intenções postas em palavras têm um poder mágico."
Deepak Chopra

Começar a viver a minha Vida de uma forma intencional acabou por intensificar também a confiança no meu inconsciente e na Vida. Definir intenções e viver intencionalmente não significa ter o controlo. Bem pelo contrário, significa abdicar do controlo! Algo que para uma controladora em recuperação como eu pode ser um belo desafio. Mas um desafio com um retorno absolutamente inexplicável!

Convido-o a explorar estes cinco passos – um resumo do processo que tenho seguido na minha Vida desde aquele dia na gruta – para que também possa viver com intenção.

1. Permita-se não saber

Para conseguir definir intenções verdadeiras e conscientes tem de se permitir não saber o que quer. Este não é um processo da mente, é um processo da mente e do coração. O problema é que quando deixamos a mente dominar o processo, entramos em grande sofrimento. A melhor forma que conheço de restabelecer a conexão entre a mente e o coração é através da meditação. Quando se consegue abstrair do ruído do diálogo interno, consegue aceder a um espaço puro e quieto. Aí, as verdadeiras intenções surgirão, e ficará a saber o que é realmente importante para si.

Foi o que me aconteceu na montanha na Índia. Mas não precisa de ir a um lado qualquer para que isso também lhe aconteça. Basta parar e permitir que aconteça. Na maior parte do tempo, a mente está ocupada com o passado e com o futuro. Para conhecer as suas intenções, tem de se manter no presente.

Pode fazer a meditação que aconselho neste capítulo ou pode, simplesmente, arranjar um tempo para estar sozinho, em silêncio e a respirar fundo. E quando se sentir preparado, "atire" algumas perguntas para dentro de si, como se fossem pedrinhas atiradas para um lago: "O que quero sentir?"; "O que quero sentir mais?"; "Que emoções quero que estejam presentes na minha Vida?"; "O que quero?" E, depois, aguarde pelas respostas. Sem fazer um esforço mental para responder. As verdadeiras respostas aparecem quando deixa de se esforçar para as encontrar.

2. Defina as intenções

A seguir à meditação, defina as suas intenções. Pode escrevê-las ou desenhá-las numa folha de papel. Descreva também três formas de colocar em ação o estado que pretende atingir. Três formas realistas e que consiga fazer diariamente ou, pelo menos, semanalmente. Coloque a folha num sítio por onde passe todos os dias.

Um exemplo:

"Quero estar em paz com o fluir da Vida. Quero ser mais paciente e mais calmo."
Como posso fazer isso?
1. Vou planear um momento só meu todas as semanas.
2. Sempre que estiver à espera de algo, vou aproveitar esse tempo para fazer uma prática de *Mindfulness*.
3. Se me sentir impaciente, vou parar e respirar profundamente até me sentir mais paciente.

3. Deixe ir as expectativas

Revisite com assiduidade as suas intenções e, depois, deixe-as ir. Leve-as sempre no coração, mas sem se tornar apegado ou obcecado por elas. Deixe também partir todas as expectativas que possa ter. Confie que tudo irá sempre acontecer da forma certa.

4. Pratique *Heartfulness*

As nove atitudes de *Heartfulness*, que pode consultar atrás, são um grande apoio. A atenção plena e o coração completamente aberto são essenciais neste processo.

5. Deixe a Vida tratar dos detalhes

Muitas vezes, tendemos a ser controladores, achando que temos de tratar de cada detalhe de tudo. E que se não formos nós a fazer, nada acontecerá. Deixe de ouvir essa voz que diz que tem de controlar. O controlo é sempre ilusório. O que tiver de acontecer, acontecerá, e o que não tiver de acontecer, não acontecerá. É tão simples quanto isso. Foque-se naquilo que quer, nas suas intenções e, se estiver atento, a Vida mostrará o que é para fazer, sem esforço, sem ter de passar muito tempo a pensar e a fazer escolhas. Você sabe o que quer. Foque-se nisso com tranquilidade e paciência e colherá os frutos na hora certa.

⇒ INTENÇÕES EMPRESTADAS ⇐

Se, mesmo com estas instruções, sentir dificuldade em definir as suas intenções, não se preocupe. Se nunca refletiu sobre estas questões, é natural que este exercício pareça desafiante. Não nos ensinam a fazê-lo na escola (embora o devessem, a meu ver!) e são ainda poucas as famílias que debatem este tema. Acredite que se trata de um precioso ensinamento que podemos transmitir aos nossos filhos.

Talvez seja útil visualizar alguns exemplos específicos de intenções. Por isso, deixo-lhe abaixo uma lista de intenções que lhe posso emprestar. Lembre-se, porém, que as intenções têm mesmo de ressoar em si. Se uma intenção não ressoar verdadeiramente não a deve escolher só porque a sua mente acha piada à ideia. Leia a lista com atenção plena e, antes de escolher uma intenção, pergunte a si mesmo que intenção o levou a escolher essa intenção!

LISTA DE INTENÇÕES
1. Sentir paz;
2. Viver com a mente e o coração abertos;
3. Ter coragem para ser vulnerável;
4. Cuidar de mim;
5. Amar incondicionalmente;
6. Deixar ir tudo o que não me serve;
7. Sentir-me uma estrela de cinema;
8. Perdoar o passado e responsabilizar-me pelo que está aqui agora;
9. Ser autêntico;
10. Praticar o não julgamento;
11. Rir todos os dias;
12. Ser paciente e estar em paz com o fluir da Vida.

Não basta definir e depois esquecer. Para se tornar um "profissional" na definição de intenções, e viver uma Vida realmente intencional, deve revisitar e reconectar-se com as suas intenções.

Claro que sei que, volta e meia, esquecerá esse propósito. E está tudo bem na mesma. Aí, pratique as atitudes de *Heartfulness*, estando consciente de que tudo faz parte do processo. As intenções são como raízes e, tal como elas, crescem e expandem-se; quanto mais cuidar delas, mais estará a criar uma base forte e estável para ter a Vida que quer ter.

Haverá momentos em que mergulhará no *stress*, na impaciência, na ansiedade, desviando-se das intenções, mas nesses instantes terá ao seu dispor pequenas coisas que o podem ajudar. Crie âncoras no dia a dia que o ajudarão a fortalecer as raízes. Eis algumas:

→ Dê a conhecer às pessoas mais próximas as suas intenções e peça que o relembrem das mesmas quando for necessário (com compaixão e gentileza!).

→ Coloque a lista das suas intenções em vários sítios diferentes: em casa, no trabalho, no carro, etc.

→ Crie lembretes no telemóvel e/ou no computador, diariamente, semanalmente, mensalmente... sempre à mesma hora e/ou de forma aleatória. Ou crie lembretes propositadamente para momentos em que sabe que é provável sentir-se mais stressado ou ansioso.

→ Espalhe notas com as suas intenções por sítios inesperados, para que as vá relembrando, ou entre outros papéis que sabe que precisará de consultar em breve e que lhe podem causar desconforto.

→ Peça a alguém que se junte ao seu propósito – o companheiro, a mãe, uma amiga, um colega de trabalho – e façam regularmente um *check-in* para avaliarem se estão no bom caminho.

Sempre que precisar de fazer o exercício para voltar a sua atenção para a intenção, está a fortalecer os "caminhos" neurológicos, programando, assim, o próprio comportamento para agir cada vez mais de acordo com a sua intenção.

Quando conhece bem as intenções e sabe ao certo o que quer sentir, consegue tomar decisões claras e conscientes sobre a Vida que realmente quer viver. Esse é o seu grande poder. A forma como se sente define a sua Vida. Assuma o que quer sentir e defina as suas intenções.

Como a aranha cria as suas fascinantes teias, nós criamos a nossa Vida a partir do interior. A aranha tem a sua intenção bem definida quando desenha as teias. Da mesma forma, sem saber o que quer, sem saber qual é a sua intenção, não poderá criar a teia de que necessita para receber o que quer da Vida. Se esta não for feita para "apanhar" paz e tranquilidade, não terá paz e tranquilidade, se não estiver construída para receber amor incondicional, não receberá amor incondicional. E tal como a aranha confia que o seu corpo e sistema conseguirão produzir a partir do seu interior aquilo de que ela necessita, você também o conseguirá.

EXERCÍCIOS *HEARTFUL*

Já sabe: as intenções são uma luz que guia as ações. Deixe essa luz iluminar o seu caminho. Experimente este exercício para definir bem as suas intenções.

HOJE

Durante o dia quero sentir-me ....

No final do dia quero sentir-me ....

As minhas intenções são: ....

Como vou fazer isso: ....

Se, por exemplo, a sua intenção hoje for sentir-se saudável e alguém lhe oferecer um pastel de nata, o que significa isso? Não quer dizer necessariamente que não pode comer o pastel. Essa decisão depende, por exemplo, do sentido que deu a "saudável".

Se a sua intenção for descansar, o que poderá significar um convite depois do jantar para ir ver um filme ao cinema que acaba depois da meia-noite?

Se a sua intenção for sentir-se conectado, o que pode fazer?

DURANTE ESTE MÊS

Durante este mês quero sentir-me ....

No final deste mês quero sentir-me ....

As minhas intenções são: ....

Como vou fazer isso: ....

AS INTENÇÕES PARA A MINHA VIDA

Quero sentir-me ....

As minhas intenções são: ....

Como vou fazer isso: ....

AS INTENÇÕES PARA A LEITURA DESTE LIVRO

Gostava agora de lhe propor um momento de reflexão sobre a intenção que o levou a ler este livro. Enquanto pensa nessa intenção, convido-o a estabelecer um acordo com a sua mente, para que se mantenha completamente aberta, prestando atenção plena ao corpo e à alma durante esta "viagem". Permita dar-se a si mesmo aquilo de que necessita... e aquilo que realmente quer. Comprometa-se a confiar e a prestar atenção plena aos *insights* mais subtis que possam surgir, a todas as emoções que aparecerem, a todos os pressentimentos... Lembre-se de que é consigo mesmo que se compromete, e com mais ninguém. Comprometa-se a participar plenamente no processo que se proporcionar.

Convido-o a colocar tudo isto por escrito. Tal como no capítulo anterior, sugiro que faça um pequeno contrato consigo mesmo. Pode utilizar a estrutura que se segue ou outra que faça mais sentido para si.

"Eu, ..., comprometo-me a confiar e a prestar atenção plena aos *insights* mais subtis, às emoções e a quaisquer pressentimentos que surjam durante a leitura deste livro ou após a leitura da última página. Vou prestar atenção plena a este processo, sem julgamentos e com compaixão, considerando o significado mais profundo de tudo e permitindo-me encontrar a sabedoria presente em mim e na minha própria Vida."

Data: ....

Nome: ....

MOMENTO HEARTFUL
MOMENTO HEARTFUL

Pare agora, neste preciso momento. Não leia mais, não faça mais nada até finalizar este exercício. Sente-se confortavelmente com os dois pés a tocarem o chão. Inspire e, ao expirar, feche os olhos. Na inspiração seguinte, coloque as duas mãos no peito, sob o coração. Mantenha toda a atenção no espaço entre as mãos e o peito. Sinta o movimento do peito, e talvez a pulsação. Os pensamentos vão e vêm. Deixe-os estar. Escute o que ouve mais além. Continue a focar-se no mesmo sítio. Escute. O que consegue ouvir?

CONVIDO-O AGORA A FAZER A **MEDITAÇÃO DAS INTENÇÕES**, DISPONÍVEL NA APP MIAFULNESS E EM WWW.PORTOEDITORA.PT/MIAFULNESS

3

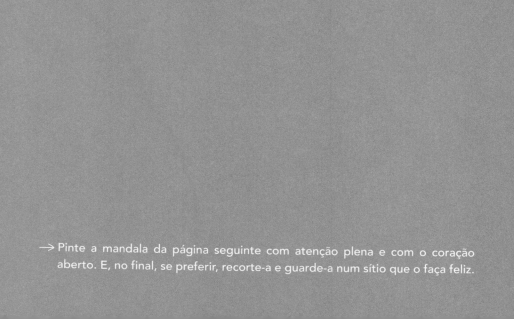

→ Pinte a mandala da página seguinte com atenção plena e com o coração aberto. E, no final, se preferir, recorte-a e guarde-a num sítio que o faça feliz.

OS DRAMAS DA MENTE

DEIXE IR AS SUAS PREOCUPAÇÕES

Deixe partir as suas preocupações
e tenha um coração plenamente limpo,
como a superfície do espelho que
não contém imagens.

Se quer um espelho claro,
contemple-se
e veja a verdade, sem pudor,
refletida pelo espelho.

Se podemos polir metais para os deixar
como espelhos,
que polimento deve fazer-se
para o espelho do coração?

Entre o espelho e o coração
há uma única diferença:
o coração oculta segredos,
o espelho não.

Rumi

"Questione o seu pensamento e mude o mundo."
Byron Katie

"Será que este pensamento corresponde à verdade?"; "Será mesmo verdade?" Senti estas duas perguntas a girarem na minha cabeça como se fossem um redemoinho. Quase provocaram um curto-circuito. "Será verdade?" Mas claro que é... ou talvez não. Nunca na Vida tinha questionado se o que estava a pensar era verdade ou não. Nunca tinha questionado um pensamento, uma crença. Os pensamentos dentro da minha cabeça eram constantes e dominantes, e causavam-me muitas vezes mais sofrimento do que alegria.

"Será verdade?"

Quanto mais aceitava a pergunta, mais calma ficava a minha mente e mais clara se tornava a resposta. Claro que não. O que estava a pensar não era mesmo verdade. Era apenas um pensamento. Um pensamento seguido de outro, numa produção contínua de pensamentos vindos não sei de onde. E, naquele momento, percebi que só porque estou a pensar numa coisa não quer dizer que isso corresponda à verdade. Os pensamentos são apenas pensamentos, e só porque os tenho não preciso de acreditar neles. Não preciso de acreditar nos meus próprios pensamentos. Os pensamentos vêm, ficam eventualmente um pouco e vão. Um processo constante e repetitivo, mas impermanente. Que liberdade que isso me poderia oferecer!

Buda dizia: "Somos marcados pelos nossos pensamentos; tornamo-nos naquilo que pensamos. Quando a mente é pura, a alegria fica como uma sombra que nunca parte." Foi então que compreendi, não apenas com a razão, mas também com o coração, o poder dos pensamentos, e que o meu poder é muito superior ao deles. Senti uma tranquilidade e uma alegria que desde aí nunca mais me abandonaram. Em alguns momentos mais turbulentos posso precisar de parar e voltar a conectar-me, mas jamais voltei a acreditar plenamente nos meus pensamentos.

Cruzei-me pela primeira vez com esta ideia de que não somos os nossos pensamentos e que não há necessidade de acreditar neles quando li *O Poder do Agora*, de Eckhart Tolle, há muitos anos. Na altura, identificava-me completamente com o que pensava. Das aulas de Filosofia na escola secundária retive a citação de Descartes: *Cogito Ergo Sum* (Penso, logo existo). Era uma pensadora! Fazia grandes reflexões e importantes análises, achava eu. Era uma "pensadora compulsiva", como tanta gente à minha volta. Tanta gente que se vicia nos pensamentos, análises e julgamentos sobre o mundo, sobre eles mesmos e os outros. Tanta gente que sofre por causa dos pensamentos, análises e julgamentos.

⇒ SERÁ MESMO VERDADE? ⇐

A mente humana e o seu desejo de entender, de saber e, acima de tudo, de controlar, acredita cegamente nos pensamentos, tendo-os como a verdade. Eckhart Tolle fez-me ver que eu precisava de ser, e que era, muito mais do que os meus pensamentos. Que qualquer julgamento que fazia era apenas um ponto de vista de muitos pontos de vista possíveis, e que nada tinha que ver com a verdade.

A mente humana é uma ferramenta poderosa e muito útil, mas também nos pode limitar e assumir, por vezes, o controlo da nossa Vida. Não conseguimos chegar à verdadeira sabedoria da Vida a pensar, mas conseguimos descobri-la ou desvendá-la através do *Heartfulness*, dando total atenção ao que se estiver a manifestar no momento presente. Ao praticar *Mindfulness* e *Heartfulness*, dissolvemos as barreiras criadas pelo pensamento conceptual. Enquanto se mantiver um pensador compulsivo, está a evitar o que é, a negar o aqui e agora. Não está onde está. Se conseguir reconhecer que um pensamento é apenas um pensamento, até que lhe confira importância e significado, vai começar a reparar nas suas próprias histórias e padrões de pensamento.

> **"Aqui está um novo exercício espiritual para colocar em prática: não leve os seus pensamentos tão a sério."**
> *Eckhart Tolle*

Na altura, as palavras deste autor tiveram um grande impacto em mim, mas só alguns anos mais tarde entendi a sua profundidade; quem sabe, provavelmente ainda há mais profundidade para descobrir...

Quando a pergunta "será mesmo verdade?" surgiu, num momento em que tinha o coração completamente aberto, consegui perceber o que é o Ser. Foi aí que deixei ir a minha identificação com o Eu Pensador e restabeleci a conexão com algo muito profundo em mim. Era como se um relâmpago interno surgisse para refazer a ligação entre a cabeça e o coração, e o coração assumisse novamente o controlo. A partir daí, o coração começou a olhar para cada pensamento que surge com distanciamento, e também com compaixão.

Até esse momento, eu sabia intelectualmente que as nossas perceções, crenças e a forma como nos relacionamos com as nossas circunstâncias moldam a nossa experiência. Conhecia o "pensamento positivo", sabia que havia pensamentos e crenças possibilitadores. Mas era tudo muito mental, fabricado e esforçado.

"Será verdade?" Ecoava dentro da minha cabeça. "Será verdade?" Ecoava no meu coração.

Estava a ler um livro da Byron Katie, uma senhora que após um longo período de depressão teve, em fevereiro de 1986, uma experiência que lhe mudou completamente a Vida. Descobriu que quando acreditava nos pensamentos, sofria, e que quando não acreditava neles, não sofria. E que isso se passava de igual modo em qualquer pessoa. Mediante esta descoberta, deu início ao reconhecido processo denominado de *The Work*.

Atualmente, Byron Katie viaja pelo mundo para ajudar as pessoas a questionarem os seus pensamentos, é autora de vários *bestsellers* e foi nomeada pela revista *Time* como "a autora que vem inovar a espiritualidade do novo milénio".

Byron Katie começou a questionar os seus pensamentos nos anos 1980, mas este processo não é um fenómeno recente. No Ocidente, podemos recuar até à Grécia Antiga e à filosofia daquele que muitos consideram ser o primeiro filósofo: Sócrates. Ele dedicou a Vida à procura da forma de aprender como viver bem. Sócrates andava pelas ruas e falava com quem o queria ouvir, utilizando o "inquérito" como método. A pergunta principal era: "Será verdade?" Procurava desvendar a natureza da sabedoria e concluiu que esta não advém de crenças elaboradas sobre as nossas Vidas ou das histórias que contamos sobre o mundo. Sócrates acreditava que a verdadeira sabedoria vem de saber que não se sabe. "A única verdadeira sabedoria é saber que nada se sabe", disse. O filósofo acrescentou que, enquanto não questionarmos o que julgamos ser a verdade, estamos apenas a contar histórias, e não podemos saber. As histórias que contamos sobre os nossos problemas não nos permitem identificar outras possibilidades. As histórias que contamos sobre os outros talvez sejam, afinal, sobre nós. Aquilo que rotulamos como impossível talvez seja possível.

Mas Sócrates não foi o único a questionar os pensamentos. Mais tarde, Epicteto esclareceu: "O que nos perturba não é o que nos acontece, mas os pensamentos que temos sobre o que acontece." Já Shakespeare declarou, pela voz de *Hamlet*: "Nada é bom ou mau, mas pensar sobre isso cria essa distinção." Se gostar de ler poesia, em especial as obras de Fernando Pessoa, irá descobrir exatamente a mesma ideia. Em vários poemas, escritos sob o heterónimo de Alberto Caeiro, o poeta explora essa mesma descoberta.

> "Um dia de chuva é tão belo como um dia de sol. Ambos existem, cada um como é."
> *Alberto Caeiro*

No Oriente, estas ideias sempre estiveram muito presentes, tanto no budismo, como no hinduísmo e no taoísmo. Há milhares de anos que se reflete sobre este método do "inquérito" enquanto mecanismo para alcançar a libertação. Resumidamente, tanto as filosofias mais ocidentais como as orientais fizeram a mesma afirmação: o bem-estar e a clareza interior não se atingem pela aquisição de novos conhecimentos. Surgem quando questionamos a natureza da mente e deixamos partir aquilo que julgamos que sabemos e que nos parecia a verdade.

Nos dias de hoje, vemos que há outros métodos que partilham estas ideias, por exemplo, a terapia cognitivo-comportamental (tendo, inclusive, o "pai" desta prática referido a influência dos gregos e dos filósofos asiáticos, como Confúcio, Lao Tsu e Buda, na criação das suas técnicas) e a Programação Neurolinguística. Independentemente da terapia, escola ou filosofia, esta "investigação" sobre a natureza e a verdade do pensamento ganha força, porque os seus benefícios têm saltado à vista. Quando começamos a questionar as crenças, as histórias e os pensamentos que nos causam sofrimento, começamos a conseguir ver claramente os hábitos mentais normais, comuns a todos nós. E conseguimos perceber que as ideias sobre o passado e sobre o futuro e os filmes que normalmente criamos não passam disso mesmo: filmes.

O *stress* e a ansiedade que sente originam as histórias que se passam na mente. Atrás de uma emoção dolorosa existe um pensamento que o faz sofrer. E esse pensamento pode ou não ser verdade – mas apenas quando o questionar saberá. O tal "inquérito" sobre a veracidade faz com que o sofrimento associado ao pensamento comece a desfazer-se.

MONTANHAS
→ DE PENSAMENTOS ←

Era hora de subir a montanha. O Retiro de *Mindfulness* no Feminino que organizo anualmente no sul da Índia é marcado por momentos intensos, e talvez a subida à montanha sagrada seja o mais significativo de todos. Arunachala é um dos pontos mais poderosos do programa, nomeadamente pela dureza, não só física, mas também mental e emocional. A montanha apresenta vários desafios pelo caminho, desde a falta de trilhos, às enormes rochas para transpor e aos macacos que se juntam na caminhada. O calor abrasador que se sente torna tudo ainda mais desafiante. Podemos dizer que é uma bela metáfora da Vida. Tudo nos desafia, mas o que realmente mais nos pode perturbar é o que pensamos sobre e durante a subida: a forma como nos relacionamos com os obstáculos, os pensamentos que temos sobre a capacidade do nosso próprio corpo e a nossa condição física, a forma como nos relacionamos com o calor e o cansaço, a forma como nos relacionamos com os outros.

Neste dia em particular, os desafios surgiram muito cedo. Acho que antes mesmo dos primeiros 100 metros da subida. Eram 17h00 e o calor parecia manter-se infernal. Olhava para os rostos suados das minhas companheiras e começava a ficar preocupada. Reparava nos meus pensamentos e julgamentos sobre cada uma delas e prefiro nem contar a história que a minha mente desenhava. Entendia facilmente que dentro da cabeça de cada mulher estavam outras histórias a ser contadas. Naquele momento, a Margarida, a Susana, a Carla e a Fernanda eram quem mais me preocupava. Não tanto pela questão física, mas pela experiência emocional que pareciam estar a vivenciar. E enquanto fazia essa observação, senti uma leve brisa na minha pele que escorria com suor. Era como se fosse a mão de Deus. Claro que se perguntasse ao nosso guia, Saravanan, a história dele é que era isso mesmo. Respirei e lembrei-me que, aqui, não se contam histórias. Esta montanha de Shiva, a montanha de fogo, queima todas as histórias. Se estamos aqui é porque Shiva nos chamou. Enquanto tinha este pensamento, as histórias que se estavam a desenrolar nas mentes das mulheres começavam a exteriorizar-se. Os padrões e as crenças limitadoras vieram ao de cima.

Quem se sentia mais desafiada era a Margarida. Estava perante um tremendo esforço físico e um ainda maior esforço mental e emocional. Aproximei-me dela para perceber melhor o que se passava, já que a via muito afetada pela situação e em grande sofrimento. Realmente grande! Fiz-lhe algumas perguntas e a única coisa que a Margarida me respondeu foi: "Estou demasiado pesada para esta merda!" Eu perguntei-lhe: "Será verdade?" A Margarida nunca chegou a responder, talvez para não dizer mais asneiras. Afastei-me e o nosso incrível guia ficou a cuidar da nossa amiga, enquanto nós continuávamos. Passadas mais de quatro horas, e já de noite, com o nosso caminho iluminado pela lua cheia, chegámos ao topo da montanha. Todas. Após uma subida dura, impossível mesmo de realizar se ficássemos presas às histórias das nossas mentes, lá chegámos. Quanto às histórias, essas foram sendo largadas, uma a uma, pelo caminho. E comprovou-se que a Margarida não era demasiado pesada para "esta merda".

Mais tarde, em conversa com a Margarida sobre esta experiência, ela contou-me: "Foi uma metáfora poderosa para a minha Vida, da qual me lembro diariamente e que acredito que vou recordar para sempre. Foi um desafio enorme, que me fez questionar profundamente aquilo em que escolhia acreditar sobre mim, que me fez sentir que posso ir muito mais longe do que aquilo em que acreditava, que posso superar as expectativas que tenho em relação a mim. Que me fez sentir vulnerável, para depois sentir-me em paz e, por fim, poderosa. Foi uma subida e uma descida física, emocional e espiritual. Um mergulho profundo dentro de mim, que sinto que ainda estou a processar. As palavras são poucas para conseguir descrever tudo o que senti a cada passo… Tenho a montanha em mim."

O verdadeiro problema com os pensamentos ocorre quando acreditamos neles e quando nos identificamos com eles. O pensamento "estou demasiado pesada" da Margarida poderia facilmente transformar-se numa profecia. Mas a verdade era que ela não estava demasiado pesada para fazer a subida, porque a fez. Se a Margarida se tivesse deixado dominar completamente pelo pensamento, certamente nunca teria chegado ao topo.

Ou seja, o nosso principal trabalho não é não pensar, é deixar de acreditar nos pensamentos e deixar de nos identificarmos automaticamente com aquilo que pensamos. Depois disso, talvez deixemos de ter um milhão de pensamentos. Ramana Maharshi, o santo indiano que chamava à montanha Arunachala de seu guru, dizia: "Só consegue parar o fluxo dos pensamentos quando decidir deixar de ter qualquer interesse nisso."

O principal ensinamento do Ramana Maharshi era fazer o "inquérito", sobretudo um "inquérito pessoal". Para ele, a questão basilar a colocar era: "Quem sou eu?" Sendo que, antes de chegarmos a essa pergunta, podemos inquirir sobre a veracidade dos nossos pensamentos. Trata-se de uma ferramenta que nos permite ir muito fundo e perceber de uma forma muito clara que não somos os nossos pensamentos. Esta prática é muito poderosa, uma vez que nos revela como a nossa experiência de Vida pode estar relacionada com as histórias que contamos e as crenças que temos. Estamos constantemente a fazer autojulgamentos, como: "Sou demasiado gorda." Apegamo-nos a coisas e a ideias, como: "Preciso de mais tempo" ou "Nada corre como eu quero". E resistimos ao que é: "Está demasiada chuva" ou "O meu marido deveria ouvir-me mais". O filme criado através de belas histórias e crenças na nossa mente está sempre a passar. Mesmo que não estejamos conscientemente a olhar para ele. O problema é que continuamos a ouvir a sua mensagem e é por isso que se torna tão poderoso e perigoso.

O que dá Vida ao pensamento é a atenção que lhe prestamos e a relação que começamos a desenvolver com ele. Se deixarmos o pensamento ir sem nos apegarmos a ele, se conseguirmos ver a sua impermanência, se permitirmos que o pensamento seja nada, então o pensamento será isso mesmo: nada.

Imagine que está na cozinha a fazer o jantar. Lá fora acontecem muitas coisas enquanto está a executar a tarefa. Na sua mente, outras tantas. Talvez consiga ouvir carros a passar na rua. Suponho que não larga o que está a fazer para ir ver que tipo de carro é, qual a cor, matrícula ou quem está a conduzir. Já com os pensamentos, aposto que o caso é outro. Provavelmente não escolhe no que pensar, mas os pensamentos aparecem e desaparecem, como pirilampos na escuridão. Vai atrás de muitos deles. Um leva ao outro e, em vez de fazer o que está a fazer, começa a cozinhar praticamente em piloto automático, enquanto se mantém muito entretido com o filme que passa na sua cabeça.

Quando começamos a investigar se o filme é verdadeiro, quando começamos a questionar se as falas do guião estão certas, começamos a revelar a verdade, a conseguir exibir a ilusão, e olhamos a Vida com o coração, em vez de a olharmos através das histórias e crenças da mente. A pergunta socrática "será verdade?" abre a porta ao nosso interior e influencia diretamente o nosso exterior, convidando-nos a viver com mais compaixão e menos julgamentos, com mais *Mindfulness* e *Heartfulness*. E tudo de uma forma bem mais fácil do que lhe parecia antes de experimentar.

AGORA, AO TRABALHO

Existem várias formas de questionarmos a mente e os nossos pensamentos. Podemos recorrer à ajuda da filosofia ou da religião, a psicólogos ou a professores espirituais. Desde os meus 15 anos que exploro algumas. Mas nenhuma influencia tanto o meu dia a dia, ou ajuda a ouvir a verdade do meu coração, como os passos do *The Work*, da Byron

Katie. Esta autora agarrou a sua descoberta de que não são as circunstâncias que nos fazem sofrer, mas sim os pensamentos que temos sobre elas, e criou uma ferramenta, simples, mas profunda, para questionarmos os pensamentos que nos causam *stress*, ansiedade e sofrimento. E é precisamente esta ferramenta que lhe proponho para facilitar a sua prática de *Heartfulness*.

O primeiro passo, quer para praticar *Mindfulness* como *Heartfulness*, costuma ser a observação, a tomada de consciência do que é. Para participar neste "inquérito", comece por "apanhar" um pensamento que lhe cause *stress* ou desconforto. Estes pensamentos, normalmente, estão ligados a julgamentos, a apego e a resistência. Como: "O meu companheiro não me dá atenção suficiente"; "Se decidir fazer o retiro sem convidar a minha amiga, ela vai chatear-se comigo e vou perder a nossa amizade" ou "A nova proposta de emprego é demasiado exigente para mim".

Começa-se, geralmente, por questionar os julgamentos que fazemos em relação aos outros (companheiro, filhos, pais, chefias...) e depois passa-se para os autojulgamentos e as histórias que contamos sobre nós mesmos (como: "Não mereço"; "Sou gorda"; "Não consigo"; "Não sou suficientemente elegante"; "Não sou suficientemente inteligente", etc.). Quando identificar um pensamento que lhe causa sofrimento, pare e respire, como se estivesse a preparar-se para fazer uma meditação. Aliás, esta prática é uma espécie de meditação. É importante deixar este processo tomar o seu tempo, até chegar uma altura em que, naturalmente, perceberá: pronto, já está!

Agora que está preparado, pegue numa caneta e num caderno, ou folha de papel, e escreva o pensamento que o faz sofrer, seguido das seguintes perguntas:

→ Será verdade?
→ Tenho a certeza absoluta de que é verdade?
→ Como reajo quando acredito que é verdade?
→ Quem seria eu sem este pensamento?

Após cada questão, faça uma pequena pausa. Não se esforce por responder, deixe as respostas surgirem do coração, e não da sua cabeça.

Não responda de acordo com eventuais expectativas, não responda o que acha que deve responder, escreva aquilo que lhe surgir como verdade naquele momento. Neste estado, centrado e focado, é provável que se surpreenda com algumas das coisas que surgirem.

O último passo neste processo é o que a Katie chama de "reviravolta". Considera o oposto do pensamento, e procura três exemplos que confirmem que esta inversão poderá corresponder à verdade. Por exemplo, altere o pensamento "o meu companheiro não me dá atenção suficiente" para "o meu companheiro dá-me atenção suficiente"; "eu não me dou atenção suficiente" ou "eu não dou atenção suficiente ao meu companheiro". Se o pensamento que o faz sofrer for "a minha amiga vai chatear-se comigo", a inversão pode ser "eu vou chatear-me com a minha amiga"; "a minha amiga não se vai chatear comigo" ou "eu vou chatear-me comigo". Se o pensamento for "o meu filho não sabe adormecer sozinho", a inversão pode ser "o meu filho sabe adormecer sozinho" ou "eu não sei adormecer sozinho". Enquanto pensa nas suas inversões, espere e observe as respostas que aparecerem. A cada inversão, pense em três argumentos que mostrem que as inversões podem ser igualmente verdade, ou até estarem mais próximas da verdade.[4]

ALGUMAS COISAS A TER EM MENTE DURANTE O PROCESSO

É realmente importante escrever os pensamentos e as respostas às questões acima. Deve mesmo colocar as palavras num papel. Assim, está a criar um certo distanciamento entre si e os pensamentos – uma dissociação que o ajudará a ganhar mais clareza.

---

4. Pode encontrar material para o processo em www.thework.com.

As respostas às primeiras duas perguntas terão de ser apenas "sim" ou "não". Não poderá ser algo do género: "Sim, mas.../Não, mas..." É engraçado, e perceberá isso ao realizar este exercício, como poderá facilmente observar em si o desejo de se justificar ou defender.

Lembre-se das atitudes de *Heartfulness* e entregue-se a este processo com o único objetivo de questionar o pensamento. Desligue o desejo de ganhar ou receber algo além de conhecer a verdade. Seja genuinamente curioso. Se fizer este trabalho com o objetivo de "ser melhor pessoa" ou "melhorar a relação com o seu companheiro/a", estes objetivos poderão assumir o controlo do processo.

Quando responder à terceira pergunta, "como reajo quando acredito que é verdade?", coloque-se mesmo numa situação onde teve o pensamento. Feche os olhos e sinta o que sentiu, ouça o que ouviu e veja o que viu. Permita-se entender a sua reação ao pensamento. Algumas perguntas extra que pode fazer são: Que tipo de imagens consigo ver e que sensações físicas tenho? Que emoções aparecem quando acredito neste pensamento? Como trato a outra pessoa nesta situação, quando acredito no pensamento? Como me trato a mim mesmo?

De seguida, entre na situação sem o pensamento e responda à quarta pergunta: "Quem seria eu sem este pensamento?"

Quando estiver a fazer as inversões, mantenha-se no papel do observador.

UM EXEMPLO REAL

A Marta (nome fictício) estava num retiro que eu organizara. Um dia, numa longa conversa, falávamos dos nossos companheiros e a Marta, com muita tristeza, dizia-me: "O principal problema é que o Pedro nunca me ouve." Ao que eu perguntei: "O Pedro nunca te ouve. Isso será verdade?" Ela respondeu rapidamente: "Claro que é!" E já pode imaginar qual foi a segunda pergunta: "É mesmo verdade que o Pedro nunca te ouve? Não respondas ainda. Fica com a pergunta um pouco." A Marta virou-se para dentro, em silêncio, pensativa. Não fechou os olhos, mas baixou o olhar e, por momentos, estava apenas no mundo dela, repetindo a palavra "nunca" muito baixinho. "Nunca, nunca, nunca... nunca não", dizia ela. "Se pensar bem, por acaso houve situações em que ele me ouviu."

A pergunta seguinte foi, naturalmente: "Como reages quando acreditas que é verdade que o Pedro nunca te ouve?" A Marta parecia ponderar cuidadosamente a questão e respondeu: "Fico frustrada. Irritada. Sinto-me sem esperança para a nossa relação... Apetece-me desistir. Sinto-me pequena, impotente e sem valor. Sinto-me sozinha, com o mundo às costas. Reparo num tsunami de pensamentos que seguem esse. Revolto-me... Apetece-me castigá-lo por ele não ser a pessoa que idealizei."

A Marta começou a chorar. Ficamos as duas em silêncio durante alguns momentos até eu perguntar: "E quem serias sem esse pensamento?" "Seria... mais tranquila", respondeu. "Não estaria tão rabugenta, não cobrava tanto. Não me virava contra ele... Seria certamente mais amorosa, mais carinhosa. Sentir-me-ia mais leve... mais livre... mais feliz."

Por esta altura, a Marta já tinha deixado de chorar e via-se um pequeno brilho nos olhos. Aquele brilho que acontece num "momento aha!", quando dizemos "pois é" e percebemos que, afinal, as coisas são mais simples do que pensávamos. E eu perguntei: "Então, vamos ver se conseguimos encontrar uma afirmação oposta a essa que seja tão ou ainda mais verdadeira do que essa? Eu não ouço o Pedro, pode ser verdade?" "Sim, pode... Quando estou ocupada com as tarefas domésticas e o Pedro vem contar-me alguma coisa... E quando estou atenta ao telemóvel enquanto ele fala comigo." O diálogo continuou: "OK, e mais?" "Bem, ele ouve-me... algumas vezes. No outro dia, estava a desabafar com ele sobre alguns problemas no trabalho e ele ouviu... e... Oh, Mia!", exclamou Marta. "Em primeiro lugar, eu não me ouço a mim!", prosseguiu ela. "Tens algum exemplo de como isso é verdade?", questionei. "Sim, naquelas situações em que estou a tentar chegar a ele, estou tão ocupada a pensar no que ele está a fazer mal, a julgá-lo, e esqueço-me de ouvir para dentro, não estou a ouvir o que quero ou o que necessito." "E mais?", prossegui. "Sim, com os meus filhos… é igual, não paro para me centrar e ouvir o que eu necessito… Só me foco nas necessidades deles."

Este pequeno inquérito abriu muitas novas possibilidades no mundo da Marta. Embora ela ainda continue a sentir que o marido poderia ser um melhor ouvinte, algo muito mais importante e forte surgiu na nossa conversa. A partir daqui, conseguimos falar sobre aspetos sobre os quais a Marta pode realmente agir e a pergunta que continuamos a explorar foi: "Como é que me posso ouvir mais e melhor?"

DEVEMOS
⇒ QUESTIONAR SEMPRE? ⇐

Algumas pessoas ficam um pouco confusas com este processo e acham que, de repente, devem questionar todos os pensamentos. A intenção não é, de todo, questionar todos os pensamentos. Se está bem com uma coisa, porque haveria de a questionar? E pensamentos como "ela é alta" ou "a casa é grande", à partida, não lhe causam qualquer sofrimento. A intenção é questionarmos os pensamentos que causam respostas emocionais que nos fazem sofrer. E, muitas vezes, quando questiona um pensamento, o processo revela-lhe mais pensamentos que o fazem sofrer.

Gostaria também de deixar aqui um aviso. Só porque utilizamos este "inquérito" e se chega a uma inversão, como "eu não me ouço", não quer obrigatoriamente dizer que a pessoa vai manter a relação em questão. Imagine, por exemplo, que a Marta na história atrás era vítima de violência doméstica. Uma das respostas à pergunta "como é que me posso ouvir mais e melhor?" poderia ser: "Deixar imediatamente a relação."

Também não podemos olhar para este processo como uma terapia ou algo suficiente para pôr fim a uma depressão. Não digo que não seja possível, mas acredito que há situações em que a ajuda profissional é necessária e o mais adequado. Caso se sinta mesmo muito perdido nos seus pensamentos, então procure um profissional com quem sinta uma boa ligação e, preferencialmente, que tenha conhecimentos na área de *Mindfulness*.

A maioria das pessoas tem pensamentos limitadores e, ao mostrar-se disponível para este inquérito, consegue abrir um leque de novos horizontes. Com o tempo, deixará ir as crenças limitadoras e os pensamentos e julgamentos que o fazem sofrer, e a sua essência ficará à tona, permitindo-o viver com o coração completamente aberto. E essa essência é o observador de tudo o que é vivenciado. Quanto mais tempo passar com esse observador, mais sabedoria alcançará, sentirá, verá. Mais fácil será manter-se num estado *Heartful* e mais natural será deixar o coração assumir o comando do barco, guiando-o neste mundo, utilizando a mente como um valioso recurso, e não como o capitão.

Os pensamentos precisam de si para existirem, mas você não precisa deles todos. Para se transformarem em ideias e crenças precisam da sua energia, colaboração e atenção. Se deixar de dar energia e atenção aos pensamentos que não lhe servem, o que acontece? Os pensamentos, muitas vezes, funcionam como uma bola de neve: ela rebola, rebola e adiciona cada vez mais neve, aumentando de dimensão. Quando deixa de gastar energia e atenção desnecessariamente, a neve derrete por si só. A bola de neve já não tem como continuar a crescer. A questão é que muitos de nós já andamos com algumas bolas de neve há muito tempo, e foram aumentando de tamanho. Pode demorar até derreterem. É importante, durante este processo, ter sempre presentes as atitudes de *Heartfulness* em relação a si mesmo. E sobretudo não se deve julgar quando o processo está a ser desafiante ou lento. Seja paciente e confie que é possível.

É "DIFÁCIL"

Deixar de dar importância aos pensamentos é difícil, sobretudo porque nos identificamos com eles. Achamos que somos os nossos pensamentos. É como os parasitas que fazem o anfitrião acreditar que são uma parte do sistema e que, por isso, não há problema. Eu sei que você, intelectualmente, sabe que não é os seus pensamentos. A questão é que esse saber intelectual e conceptual não é suficiente, é necessário entrar por debaixo de muitas camadas para entender e ver esta verdade. O método das perguntas que lhe apresentei ajudam-no a descascar essas camadas e a quebrar o vício da identificação do Eu com os seus pensamentos. E se quiser ir ainda mais longe, pode meditar na pergunta "Quem sou Eu?", como sugeria o grande mestre Ramana Maharshi.

Talvez ainda esteja a pensar que isto é "tão difícil". Eu utilizaria uma palavra que um dos meus filhos dizia quando tinha uns 3 anos: "Mamã, isto é 'difácil'!" Isto de ser "difácil", para mim, significa que uma coisa na sua essência é simples, mas que nós, com os nossos pensamentos, dificultamos e complicamos. Convido-o a olhar para tudo o que é proposto neste capítulo, assim como nos restantes, e para a Vida em geral, como "difácil", e observe o que acontece.

> **"A mente é um excelente servo, mas um mestre terrível."**
> *Eckhart Tolle*

MOMENTO HEARTFUL

Observe agora mesmo os pensamentos que circulam na sua mente após ter lido estas palavras. Observe também como o seu coração está a reagir. Convido-o a refletir na pergunta: "Será que consigo chegar à verdade com os pensamentos ou que consigo sentir a verdade agora mesmo com o meu coração?"

CONVIDO-O AGORA A FAZER A **MEDITAÇÃO DOS PENSAMENTOS**, DISPONÍVEL NA APP MIAFULNESS E EM WWW.PORTOEDITORA.PT/MIAFULNESS

4

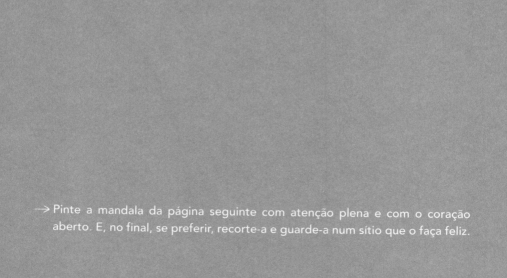

→ Pinte a mandala da página seguinte com atenção plena e com o coração aberto. E, no final, se preferir, recorte-a e guarde-a num sítio que o faça feliz.

O SEGREDO DA AUTOESTIMA

A CASA DE HÓSPEDES

O ser humano é uma casa de hóspedes.
Cada manhã é uma nova visita.
Uma alegria, uma depressão, uma maldade,
um momento de consciência momentânea aparece
como uma visita inesperada.

Dê-lhes as boas-vindas e entretenha-os a todos!
Mesmo que seja uma multidão de mágoas,
que violentamente toma a sua casa vazia de mobília,
mesmo assim, trate honradamente cada hóspede.
Ele pode estar a limpá-lo
para que possa receber uma nova alegria.

O pensamento obscuro, a vergonha, a malícia,
receba-os à porta rindo,
e convide-os para entrarem.

Esteja grato por quem quer que entre,
porque cada um foi enviado
como um guia do além.

Rumi

É COMPLETO TAL COMO É

"Como é possível que um ser vivo com joias tão delicadas como os olhos, instrumentos musicais tão encantadores como as orelhas, e um inacreditável emaranhado de nervos como o cérebro, possa sentir-se outra coisa que não um deus?" [5]

Dentro de cada um de nós existe um Eu saudável, próspero, contente e amoroso. Está ali à espera de ser libertado. Aguarda que as histórias que contamos sobre um Eu falso que, erradamente, assumimos como nosso, sejam reveladas como mentiras. Quando entendemos isso, quando reconhecemos e valorizamos o verdadeiro Eu, quando o estimamos, voltamos a ficar conectados com a nossa força interior e única que, sendo nossa, está ligada com tudo o resto.

UM POUCO DE HISTÓRIA

Estudo o tema da autoestima, sob ângulos muito diferentes (embora interligados), há mais de 10 anos. Aliás, neste momento, consigo ver o papel determinante da autoestima em todos os estudos que faço a nível de desenvolvimento pessoal. Seja no *coaching*, na psicologia, no *Mindfulness*, na parentalidade, no budismo ou na *Advaita Vedanta* que, no fundo, tocam o mesmo. Algumas práticas parecem mais técnicas e superficiais, outras mais espirituais e profundas. Fala-se em felicidade, autorrealização, libertação, sucesso… Com o tempo, tenho vindo a resumir tudo à autoestima. É mais simples, faz sentido e cheguei à mesma conclusão que Gloria Steinem (jornalista, escritora e palestrante norte-americana, conhecida pela

---

5. Citação retirada do livro de Alan W. Watts: *The Book on the Taboo Against Knowing Who You Are*, Vintage, 1989.

dedicação ao feminismo): "Comecei a perceber que a autoestima não é tudo; mas não há nada sem ela." [6]

O conceito da autoestima não é novo. É tão antigo como a Humanidade e tem sido descrito de variadíssimas formas. Nem sempre com a mesma palavra, mas o sentido é o mesmo.

Os gregos utilizavam uma palavra linda (e difícil de pronunciar): *oikéiosis*. Quando se procura descrever este conceito estoico, fala-se da relação da pessoa consigo própria e com o mundo. A pessoa está em contacto com todos os sentidos e reconhece-se como um cidadão do mundo. O *oikéiosis* é o conhecimento do próprio Eu de dentro para fora. Protege e faz com que a ação seja de acordo com a essência da pessoa. Era considerado a fonte de praticamente tudo o que é positivo. A partir do centro do *oikéiosis* dizia-se que irradiavam círculos de amor. Primeiro, para o próprio ser, depois, para os filhos, para a família e, por último, para todos os seres humanos. Mais tarde, os estoicos adicionaram também o amor pela natureza.

Enquanto os estoicos filosofavam, as religiões asiáticas exploravam a mesma ideia. O hinduísmo e, mais tarde, o budismo, o sufismo e outras religiões, alegavam que conhecendo o Eu, conhecemos Deus. A autorrealização tornou-se o objetivo máximo. Nas escrituras védicas, este processo é explorado ao pormenor. O filósofo e político indiano Sarvepalli Radhakrishnan escreveu uma frase que resume bastante bem a ideia: "A verdade está no coração do universo e reflete-se nas profundezas do Eu."

No cristianismo, encontramos o mesmo conceito quando nos dizem que somos todos filhos de Deus, o Seu reflexo. A *Bíblia* está repleta de histórias que podem descrever esta ideia maior da autoestima, como a que relembro a seguir.

---

6. Do livro de Gloria Steinem: *Revolution from Within: Book of Self-Esteem*, Bloomsbury, Grã-Bretanha, 1992.

A SEMENTE DE MOSTARDA

Eu imagino que ter uma autoestima forte e saudável deve ser como entrar no Reino dos Céus. Jesus contou uma pequena parábola, que aparece em três evangelhos diferentes do *Novo Testamento* e também no *Evangelho de Tomé*, que descreve maravilhosamente isto em que acredito.

"Os discípulos perguntaram a Jesus:
– Com o que se parece o Reino dos Céus?
Ele respondeu:
– É como a semente de mostarda,
menor entre todas as sementes,
mas quando cai em terra fértil
dá origem a uma grande árvore
que se torna abrigo para todos os pássaros do Céu." [7]

Quando dou formações na área da Parentalidade Consciente, recorro habitualmente à imagem da semente para descrever aquilo que acredito ser a autoestima. No meu livro anterior, *Educar com Mindfulness*, na página 86, escrevo: "Nascemos todos com uma semente de autoestima. O crescimento e o florescimento dessa semente dependem da nutrição que recebe por parte das relações mais próximas. O solo da semente da autoestima é o amor incondicional, a água e o solo são as palavras que a alimentam, e o ambiente são os cuidados que recebe. Quanto menos julgamento e mais aceitação houver, mais bela e enraizada se tornará a flor. Mais forte e profunda se tornará a autoestima."

A autoestima que você e eu temos neste momento é o resultado de todo o nosso percurso e da convivência com as pessoas que cuidaram de nós. A pequena semente contém todo o potencial para se transformar numa árvore grandiosa. O solo onde a nossa semente foi atirada pode ter sido mais ou menos fértil. O que aconteceu não é da nossa responsabilidade, mas o que ficou, o que está aqui e agora, é. Nunca é demasiado

---

7. Em: Osho, *A Semente de Mostarda – Ensinamentos Gnósticos de Jesus*, Pergaminho, 2008.

tarde para cuidar da pequena grande semente, e cabe-nos a nós desenvolver mais *oikéiosis*, desvendar o nosso Eu interior. No fundo, desenvolver ou redescobrir a nossa autoestima. Só a experiência nos transforma e essa transformação acontece quando retomamos a conexão entre a mente e o coração. Quando o *Heartfulness* é uma intenção.

Continuamos a tratar-nos da mesma forma como fomos tratados em crianças. Quando conseguimos entender essa ligação, quando deixamos de construir barreiras e passamos a estabelecer limites pessoais, quando nos vulnerabilizamos e praticamos a autocompaixão, as coisas mudam. Começamos a ver o que essa criança do passado, que agora é a nossa criança interior, precisa. E começamos a dar-lhe isso mesmo, sabendo que merecemos tudo e muito mais. Tudo isso vamos explorar nos próximos capítulos.

A nossa voz e o nosso olhar interiores são o resultado das vozes e olhares que vivemos e sentimos das pessoas mais próximas na nossa infância. Pessoas que, provavelmente, tiveram as melhores intenções quando nos educaram, mas que, muitas vezes, tinham poucos conhecimentos para saberem cuidar da nossa semente de mostarda.

Neste processo, começamos a ver através dos nossos próprios olhos e do nosso coração, ao invés de vermos através das nossas velhas histórias e dos olhos (muitas vezes imaginários) e palavras dos outros. Para mim, a autoestima é a estima e o reconhecimento do divino. Talvez Deus não seja uma palavra que lhe ressoe, mas pode trocá-la por outra que faça mais sentido. O Universo, uma força maior, o Criador. Seja qual for o nome, sentir autoestima é sentir o todo, é entender e integrar que você tem o mesmo valor que tem o seu filho, o seu diretor, o Presidente ou o seu vizinho. E que, embora seja um pozinho num Universo vasto, o seu valor preenche todo esse Universo.

"És toda bela, minha amada, e não tens um só defeito."
Cântico dos Cânticos, 4:7

A AUTOESTIMA
FUNCIONA COMO UM
⇒ SISTEMA IMUNITÁRIO SOCIAL ⇐

Existem centenas de definições e interpretações em relação à autoestima. Muitas vezes, confunde-se autoestima com autoconfiança e, outras vezes, com autoconceito.

A autoestima está relacionada com a forma como nos estimamos. A forma como nos olhamos e definimos e o valor que atribuímos a nós próprios. Ter uma autoestima saudável significa que entende que tem o mesmo valor quer consiga subir a montanha, quer não consiga. Tem o mesmo valor quer tenha um emprego, quer esteja desempregado. Tem o mesmo valor casado ou solteiro. Tem o mesmo valor sendo pai ou mãe, escolhendo não ter filhos ou sendo infértil. Independentemente da opinião dos outros, sabe que tem o mesmo valor intrínseco que cada ser humano que pisa este planeta. Como digo muitas vezes, uma autoestima saudável é um sistema imunitário social. Protege-o em todos os desafios na sua Vida.

A sua autoestima baseia-se no valor que atribui a si mesmo. Teoricamente, todos podemos ter uma autoestima saudável, pois nascemos com a mesma semente e ninguém vale mais ou menos do que os outros. A autoestima é a melhor base para se sentir feliz. Aliás, ter uma autoestima saudável é ser feliz. Uma pessoa com uma autoestima saudável sente-se contente consigo mesma, tem coragem de se exprimir como é, ao mesmo tempo que consegue identificar quais os aspetos a melhorar sem se sentir mal por isso. Sente-se bem com a sua Vida e as suas relações. Sabe praticar a autocompaixão, não tem medo de se vulnerabilizar, tem um alto nível de autoconhecimento e estabelece limites claros que não tem medo de comunicar.

Com a saudável autoestima vem a aceitação da Vida como ela é e a consciência de que se pode influenciar a sua qualidade. A autoestima possibilita a autorrealização.

Não se pode desenvolver uma boa autoestima agradando os outros ou procurando validação externa. A autoestima vem sempre de dentro e revela-se por fora. Como a semente de mostarda.

"Para ser belo seja você próprio. Não precisa da aceitação dos outros. Precisa é de se aceitar a si."

Thich Nhat Hanh

MITOS À
⇒ VOLTA DA AUTOESTIMA ⇐

Como existe bastante confusão em relação ao que é a autoestima, existem também algumas ideias falsas e mitos.

Em primeiro lugar, autoestima não é o mesmo que autoconfiança. A autoconfiança está relacionada com a confiança que tem numa situação específica, com o quanto acredita que vai conseguir fazer uma determinada coisa. A autoconfiança cresce quando recebemos um *feedback* positivo em relação ao nosso desempenho. A autoconfiança, normalmente, está associada a prestações mensuráveis, como notas, resultados, méritos, etc. Sente-se na escola, no trabalho, em competições e em contextos sociais. Muitas pessoas confundem autoestima com autoconfiança, e avaliam todo o seu valor em função das prestações e o *feedback* que obtêm sobre elas. Quando recebem um prémio no trabalho, quando ficam em primeiro lugar numa corrida ou quando recebem um elogio em relação à aparência física. Só nessas situações acreditam que têm valor. Se notarmos que esta validação externa é muito importante para o nosso bem--estar mental, então é um sinal forte de que precisamos de fazer algo relativamente à nossa autoestima.

Uma pessoa com uma autoestima saudável não é uma pessoa arrogante. Aliás, a arrogância e a superioridade, normalmente, são estratégias usadas para esconder uma fraca autoestima. Ter uma autoestima saudável não significa que somos melhores do que os outros. A autoconfiança, por outro lado, pode fazer com que me sinta melhor do que os outros em certas situações. Já a autoestima permite-me saber que tenho exatamente o mesmo valor do que os outros, sem comparações.

Ter uma boa autoestima não significa ser muito extrovertido. Alguém tímido pode ter uma excelente autoestima e uma pessoa extremamente extrovertida pode ter uma autoestima muito baixa.

O egoísmo não é uma característica de alguém com a autoestima bem desenvolvida. Também não se pode dizer o oposto: que uma pessoa com uma boa autoestima é completamente altruísta. Diria que o que a define é a consciência que tem de que a relação mais importante que alguma vez terá na Vida é com ela própria, e que se essa relação não resultar dificilmente as outras relações irão funcionar. É uma pessoa com uma grande capacidade de sentir compaixão e autocompaixão.

UMA DEFINIÇÃO
→ DE AUTOESTIMA ←

No final dos anos 1980, criou-se na Califórnia, Estados Unidos, uma *task force* para promover a autoestima. As pessoas escolhidas para esse grupo fizeram, durante três anos, um trabalho de investigação e prática extremamente interessante que, infelizmente, não teve grande continuidade. Desenvolveram uma definição de autoestima que ajuda bastante quem quer saber o que fazer para desvendar ou redescobrir a sua autoestima, algo que considero útil para o nosso contexto:

"Apreciar a minha importância e valor pessoal, ter a atitude de prestar contas a mim mesmo e de agir de modo responsável com os outros."

Podemos partir esta definição em três partes. Primeira: "apreciar a minha importância e valor pessoal". Para nos conseguirmos valorizar precisamos de ter um alto nível de autoconhecimento, autoaceitação e autocompaixão. Também temos de ter uma grande dose de vulnerabilidade e coragem para nos olharmos ao espelho. Mais à frente no livro vamos ver exatamente o que podemos fazer. Segunda: "prestar contas a mim mesmo". Com uma autoestima saudável, assumimos a responsabilidade pelos nossos desejos, necessidades e escolhas, e somos claros com os nossos limites pessoais. Por fim: "agir de modo responsável com os outros." Com autoestima desenvolvemos, naturalmente, um grande respeito e uma profunda compaixão pelos outros. Conseguimos ver-nos no outro, entendendo a nossa interligação divina.

CARACTERÍSTICAS DE
⇒ UMA AUTOESTIMA SAUDÁVEL ⇐

Já aqui vimos por alto o que caracteriza alguém com uma autoestima saudável, mas quero agora clarificar um pouco mais, para que entenda perfeitamente a ligação da autoestima com a felicidade e a forma como vivemos e nos relacionamos com a Vida.

Este processo é um misto de autodescoberta e autoconhecimento. Nele, identifica as suas forças e fraquezas e, independentemente de quais forem, consegue lidar bem com as mesmas. Não se considera superior a ninguém pelas suas forças, nem inferior pelas fraquezas. Consegue também reconhecer que os outros têm forças e fraquezas, tal como você, e que, independentemente disso, todos somos perfeitos exatamente como somos. O amor incondicional nunca é travado por este reconhecimento, bem pelo contrário.

Quanto mais e melhor se conhecer, mais se estimará e confiará em si. Saberá que faz sempre o melhor que pode com os recursos que tem disponíveis a cada momento. Quando olhar para trás, irá conseguir ver que no passado só poderia ter feito o que fez. Não há arrependimento e culpa, mas um saber que lhe permite assumir a responsabilidade em relação ao que faz agora. Lida bem com os erros e olha para cada falhanço como *feedback* que pode utilizar para fazer diferente no futuro.

Nesta caminhada fica também a perceber, obviamente, quais os seus limites pessoais e, como o seu bem-estar não depende da aprovação dos outros, não tem medo de os comunicar. Sendo essa comunicação feita a partir de um sítio de amor, consegue exprimir-se de uma forma respeitadora e compassiva. Isto permite-lhe seguir o seu coração e agir de acordo com os seus valores, necessidades e desejos. Permite-lhe viver a Vida que quer e não a Vida que os outros acham que deveria ter.

Com autoestima desenvolve uma clareza na mente, livre das vozes e opiniões dos outros, do tal crítico interior, com uma ligação ultrarrápida e forte ao coração. Esta clareza faz com que consiga valorizar tudo o que tem na Vida, exatamente como ela se revela neste momento. Faz com que tenha coragem para se permitir ser visto, mesmo em situações onde se sente vulnerável, criando compaixão e uma conexão consigo e com os outros a um nível muito profundo.

Sabe que merece o amor dos outros, independentemente do seu comportamento, dos seus resultados ou da aparência física, interagindo com o mundo através de um sítio de merecimento. Sabe que "é suficiente". Sabe, sente e vê que tem valor por quem é. O mesmo valor que já tinha quando era recém-nascido e o mesmo valor que terá quando deixar a Vida neste planeta.

A forma como fomos educados, e como muitas pessoas continuam a educar, traz implícita a ideia de que temos de merecer o amor. Aliás, todas as estratégias de educação que envolvem recompensas ou castigos comunicam esse pressuposto e criam a sensação de "não mereço" e "não sou suficiente". Ficamos com a ideia de que temos de ser melhores, alcançar melhores resultados, sermos mais bonitos para merecermos o amor do outro. Brené Brown, cientista e autora norte-americana de referência, diz que a chave está na sensação de merecimento e de valor pessoal. Num dos estudos que fez, decidiu dividir as pessoas entrevistadas em dois grupos. Os que sentiam merecimento, amor, pertença e conexão e os que estavam à procura desse sentimento, aqueles que duvidam sempre se são suficientes. Ela só encontrou uma variável que separava as pessoas: as que tinham uma sensação forte de amor e pertença sentiam-se merecedoras desses sentimentos. São as pessoas que a Brown chama *wholehearted people* (pessoas de coração completo), que vivem com coragem, compaixão, conexão e convicção. Têm a capacidade de deixar ir a ideia de quem deveriam ser para serem quem já são. Os estoicos diriam, provavelmente, que têm *oikéiosis*, os hindus apelidá-las-iam de autorrealizadas. Eu refiro-me a estas pessoas como pessoas com verdadeira autoestima.

Se tiver uma autoestima saudável também estará disposto a abraçar a sua vulnerabilidade. Outra área investigada por Brené Brown e da qual falaremos mais à frente. A autoestima faz com que reconheça que tudo o que o torna vulnerável é parte da sua beleza.

Quando sente que merece todo o amor do mundo, quando ama e se sente conectado consigo e com os outros, não vai ter menos desafios na Vida. Não significa que, automaticamente, encontrará a relação romântica que deseja, o emprego de sonho, filhos mais bem-comportados. Mas vai aceder a uma sabedoria interior que lhe sussurra *Está tudo bem*, independentemente de todas as circunstâncias. Estará disposto a entregar-se por inteiro à Vida, a ficar plenamente presente nos momentos difíceis.

Você é sempre suficiente e merece sempre todo o amor do mundo. Pode ter de aprender novas competências para mudar de emprego, ter de treinar muito e fazer dieta para ter o corpo que deseja, ter de deixar uma relação… Mas, independentemente de tudo o que tem ou faz, Você é sempre suficiente. Se olhar além da imagem imediata refletida no espelho, verá o seu verdadeiro Eu, uma réplica perfeita de Deus/da Deusa/do Universo.

> "O que quer que esteja a fazer, ame-se por estar a fazê-lo.
> O que quer que esteja a sentir, ame-se por sentir isso."
> *Thaddeus Golas*

⇥ FAÇA AMOR COM A VIDA ⇤

Tenho vindo a dedicar a minha Vida à minha autoestima, à autoestima dos meus filhos e à autoestima de todas as pessoas com quem trabalho. Não conheço nada com um impacto tão forte nas nossas Vidas e que me fizesse mais sentido. Podemos abordar a autoestima de uma forma muito espiritual, o que faz sentido para algumas pessoas, mas para outras não. Podemos abordar a autoestima de uma forma muito prática e científica, o que faz sentido para algumas pessoas, mas para outras não. A questão é que falamos sempre do mesmo e procuramos sempre o mesmo. O que faz sentido para mim é resumir esta ideia no conceito de autoestima, e convido-o a embarcar comigo nesta viagem reveladora.

Algumas tradições acreditam que é preciso trabalhar e esforçar-se para construir a autoestima, outras dizem que ela está sempre presente e que é preciso parar todo o esforço para conseguir vê-la. Independentemente do processo ou da situação, vai dar ao mesmo. O que mais interessa é a forma como ressoa mais em si. Você escolhe. A principal (ou a única?) forma de treinar/desenvolver/encontrar/revelar a autoestima é viver uma Vida em Verdade. A sua Verdade. Eu não sei qual é a sua, e só tenho uma ideia de qual é a minha. Ela revela-se momento a momento, e funciona como o meu principal guia. Este livro é um convite para que também esclareça a sua própria Verdade, passo a passo ou de uma só vez. Algumas coisas irão, provavelmente, fazer mais sentido do que outras. Pode ler o livro do início até ao fim ou pode ler na ordem que lhe fizer mais sentido, pouco interessa. O que importa é que este é um momento de autodescoberta e autoconsciência. Um momento seu, para si e por si. Ficará a conhecer-se melhor, aprenderá a aceitar o que vê e encontrará força para mudar o que acha que tem de ser mudado. Neste livro apresento-lhe os conceitos que mais me têm ajudado relativamente à minha autoestima. Em cada capítulo, convido-o à reflexão e à prática, dois processos muito mais importantes do que as palavras aqui escritas. Através de ambos, experienciará o que é viver em amor com o coração aberto. No fundo, aprenderá a fazer amor com a Vida sabendo que está tudo bem.

"Para que consiga aceder ao seu Eu tem de estar calmo, equilibrado, pacientemente perseverante e contido. O objetivo não é alcançar um estado idílico de felicidade ou de renascimento num mundo melhor. Pela negativa, é libertar-se do fim cósmico da lei cármica; pela positiva, é a identidade com o Supremo." [8]

8. Citação retirada do livro de S. Radhakrishnan e C. A. Moore: *A Source Book in Indian Philosophy*, Princeton University Press, 1957.

MOMENTO HEARTFUL

Pare, agora. Respire fundo. Preste atenção ao seu corpo. E à sua mente. O que se passa neste momento. O que diz o seu comentador interno? Que tipo de comentários está a fazer? Observe, sem se apegar, deixe vir e ir. Agora mude o foco para o seu coração. Que tipo de "comentários" vêm do seu coração neste momento? Observe.

CONVIDO-O AGORA A FAZER A **MEDITAÇÃO DA AUTOESTIMA**, DISPONÍVEL NA APP MIAFULNESS E EM WWW.PORTOEDITORA.PT/MIAFULNESS

5

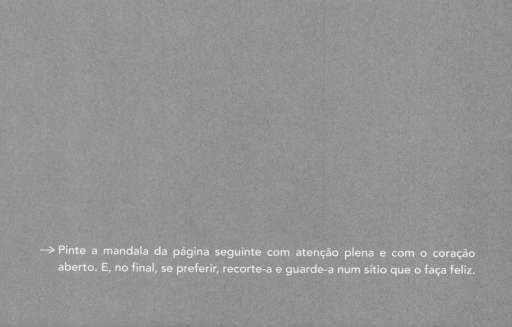

→ Pinte a mandala da página seguinte com atenção plena e com o coração aberto. E, no final, se preferir, recorte-a e guarde-a num sítio que o faça feliz.

A SUA VULNERABILIDADE
— UMA FORÇA

"**Somente quando temos coragem suficiente para explorar a nossa escuridão, descobrimos o poder infinito da nossa própria luz.**"
Brené Brown

Estava sentada à mesa da cozinha. Tinha acabado de carregar no botão *Enviar* no email. E ele lá seguiu. Após vários meses de trabalho árduo, mas muito apaixonante, tinha acabado de enviar o original do meu primeiro livro para a editora. Pensava que celebraria esse momento com alívio. Mas, curiosamente, não senti qualquer alívio. Fiquei simultaneamente paralisada e enredada, num turbilhão de emoções. Basicamente, estava quase em pânico. Os pensamentos que me passavam pela cabeça, as histórias que comecei a criar, resultaram em emoções muito distantes da sensação de alívio. "Não está suficientemente bem escrito"; "Não está suficientemente elaborado"; "Não tem ciência suficiente"; "Não tem exemplos suficientes"; "Não é prático o suficiente"; "Não é suficientemente bom"; "Não sei o suficiente!" Todos os pensamentos que tinha naquele momento em relação ao meu livro e a todo o meu trabalho eram sobre insuficiência. Comecei a viver momentos de uma espécie de *stress* pós-traumático, sendo o trauma o envio do livro e a principal sensação que tinha era de ser uma pessoa insuficiente.

Depois de alguns dias em agonia, lembrei-me de uma TED Talk a que assistira há alguns anos. A palestrante era Brené Brown, a pessoa que se transformou numa das minhas principais referências. Fui procurar a palestra para a rever e este momento em particular fez-me entender ainda melhor o quão valiosos são os seus ensinamentos.

Na palestra, Brown recorre ao conhecimento que adquiriu na intensa pesquisa científica que fez na área da vergonha para explicar o poder da vulnerabilidade. Naquele dia, após ter assistido à palestra, fui de imediato rever o trabalho e os livros transformadores desta mulher fantástica. No momento em que a palavra "vulnerabilidade" me veio à cabeça, sorri e julguei-me um pouco por não me ter lembrado mais cedo do valioso ensinamento de Brown, que tanto me ajudou nas minhas formações, *masterclasses online* e palestras: abraçar a vulnerabilidade. Ter a coragem de ser vulnerável é uma grande força. Posso dizer que devo uma grande parte do meu sucesso profissional à coragem de me vulnerabilizar, e sem o *Mindfulness* duvido que o conseguisse fazer. Embora, volta e meia, ainda me sinta desafiada pelos demónios da perfeição, sei que me servem muito mais os anjos da imperfeição!

Antes de entender a dinâmica da vulnerabilidade, utilizei todas as estratégias que Brené Brown apresenta como formas de nos protegermos da vulnerabilidade (e, de vez em quando, ainda me apanho no meio delas!). Julgava que era possível ser perfeita e que havia uma forma perfeita de fazer as coisas, uma forma melhor do que todas as outras. Cheguei a mergulhar em trabalho e em coisas que dizia que "tinham" de ser feitas, apenas para me esconder das verdadeiras emoções (aquilo a que Brown chama de *numbing*, e que se pode manifestar tanto pela fuga para o trabalho, como pelo álcool, drogas ou comida). Fugia muitas vezes dos momentos presentes de felicidade para preocupações futuras, antecipando, na minha cabeça, como as coisas iriam correr mal por isto ou por aquilo.

Quando comecei intencionalmente a abraçar a minha vulnerabilidade, muitas coisas mudaram. Quando deixei de acreditar que haveria algo mais perfeito do que o que está a acontecer em cada momento, quando realmente interiorizei que faço sempre o melhor que posso com os recursos que tenho disponíveis no momento, comecei a divertir-me mais, a alinhar-me com as minhas intenções e, sem esforço, a fazer um trabalho mais verdadeiro (e acredito, melhor), servindo mais o meu público, sentindo-me melhor. Além disso, hoje sou uma pessoa muito mais corajosa, e não é por ter mais autoconfiança, mas porque tenho um pouco mais de coragem para expor as minhas imperfeições, as minhas falhas e preocupações. E nesta caminhada para aceitar a minha vulnerabilidade, aumento a minha autoestima.

Neste processo, além das práticas de *Mindfulness*, *Heartfulness* e autocompaixão (que iremos abordar mais à frente), trabalhei a coragem de ser imperfeita e vulnerável, com as características das pessoas que Brené Brown descreve como sendo *wholehearted* (que vivem a partir do coração). Tal como antes referi, estas pessoas relacionam-se com o mundo a partir de um sítio de valor e merecimento. Sabem que têm valor e que merecem tudo de bom. Fazem escolhas muito conscientes, aceitam a imperfeição, valorizam o descanso e a brincadeira. Cultivam a criatividade e praticam a autocompaixão. Entendem a importância da vulnerabilidade e veem nela uma expressão de coragem. Aparecem para a Vida com o coração completamente aberto. Diria que sabem naturalmente praticar *Heartfulness*.

> **"O que acontece quando as pessoas abrem os seus corações? Tornam-se melhores."**
> *Haruki Murakami, Norwegian Wood*

O NOSSO MEDO DA VULNERABILIDADE

Senti-me algo desconfortável ao enviar o original do meu primeiro livro para a editora porque, no fundo, receava as possíveis reações dos outros.

Tinha medo de ser avaliada de forma negativa. Medo de não ser suficiente. Medo de falhar. Temos um desejo natural de sermos admirados pelos outros, e pensamos que expor as nossas fragilidades nos afasta da satisfação desse desejo! Talvez este pensamento seja fruto de uma herança com milhões de anos, quando a exposição da vulnerabilidade poderia significar a perda da vida, pelo perigo dos predadores e pelo próprio funcionamento da tribo. Ser vulnerável poderia colocar em risco a tribo e significar a expulsão de um membro da mesma. Sem a proteção da tribo, a possibilidade de sobreviver era diminuta. Era fundamental esconder a vulnerabilidade, assegurando o lugar no grupo. Esta necessidade manteve-se de alguma forma até aos dias de hoje, onde já não existe nenhum perigo eminente se nos mostrarmos vulneráveis. Mas continuamos a acreditar que vulnerabilidade significa fraqueza e pode resultar na nossa não-aceitação. Mostrar o nosso medo, as nossas fragilidades, as nossas dificuldades significa sair da zona de conforto normal. Este processo pode parecer assustador e, para muitos, além da entrada na zona de desconforto, é a entrada na zona de um grande desafio, até mesmo de pânico. Olhar além da zona de conforto pode ser muito desafiante e até assustador. Mas acredite que quanto mais sair dessa zona de conforto, quanto mais corajoso for em ser vulnerável, mais confortável se sentirá e melhor se sentirá consigo próprio. Parece um paradoxo mas é verdade! Perceberá que somos todos iguais e que o verdadeiro "perigo" é ficar apenas na zona de conforto e na ilusão de que está tudo controlado.

OS MITOS DA VULNERABILIDADE

Quando procuramos a definição da palavra em português, vemos que a vulnerabilidade é descrita como "a qualidade de ser vulnerável (aquele que é suscetível de ser exposto a danos físicos ou morais pela sua fragilidade)". Podemos também ler que "o conceito pode ser aplicado a uma pessoa ou a um grupo social, conforme a sua capacidade de prevenir, resistir e contornar potenciais impactos". E ainda: "as pessoas vulneráveis são aquelas que, por diversas razões, não têm essa capacidade desenvolvida e que, por conseguinte, se encontram em situação de risco." A origem da palavra vem do latim *vulnerare*, que significa "ferir". Se olharmos para o conceito aqui proposto, o significado é um pouco diferente. Falo-lhe da vulnerabilidade como um estado desejado, e não como um estado indesejado de fraqueza. É o reconhecer das fraquezas e fragilidades e de que a Vida humana é imperfeita. É a coragem de expor e admitir a nossa humanidade sem tentarmos escondê-la ou defendermo-nos dela.

Brené Brown alerta para vários mitos relacionados com a vulnerabilidade e considero importante abordarmos quais são.

OS MITOS

Mito 1: "Vulnerabilidade é sinal de fraqueza" – Brown alega que a vulnerabilidade é o núcleo de todas as emoções e sensações. E estou de acordo com ela. Sentir é ser vulnerável. Acreditar que a vulnerabilidade é um sinal de fraqueza é acreditar que sentir é uma fraqueza. E quando não reconhecemos as nossas fragilidades, o risco de nos magoarmos é muito maior.

Mito 2: "Vulnerabilidade não é comigo" – Quando fazemos de conta que a vulnerabilidade não é connosco, estamos a ser inconsistentes com quem queremos ser e dificilmente estamos alinhados com as nossas intenções.

Mito 3: "Vulnerabilidade é expor totalmente a minha Vida"– Ser vulnerável é partilhar emoções, sentimentos e experiências com pessoas que ganharam o merecimento de os ouvir. Faz parte do processo de criação de confiança. Não é expor cada pequena parte da minha Vida nas redes sociais. Quando partilho publicamente as minhas falhas e erros é com uma intenção e um sentido específicos, não para parecer alguém que não sou.

Mito 4: "Desenrasco-me sozinho" – Temos o direito de ser amados com as nossas vulnerabilidades e imperfeições, e não apesar delas. Na Vida, necessitamos de apoio. Necessitamos de pessoas conectadas connosco e que não nos julguem. Estar sempre a tentar controlar tudo e a desenrascar-se sozinho são formas de proteger e esconder ou negar a vulnerabilidade. O nosso valor não depende dos comentários e das avaliações de qualquer um. O nosso valor é reconhecido pelas pessoas que nos amam, independentemente de tudo.

"Vulnerabilidade não é conhecer a vitória ou a derrota; é compreender a necessidade de ambas, é envolver-se, entregar-se por inteiro."
Brené Brown

Neste contexto, ser vulnerável significa admitir que temos falhas e imperfeições, significa termos a coragem de nos expormos sem procurar esconder essas falhas e imperfeições. A vulnerabilidade não é, de todo, um sinal de fraqueza. É ter a coragem de ficar no meio do fogo, expondo-se aos julgamentos dos outros, sem deixar de fazer aquilo em que se acredita. Não significa, contudo, que não temos limites ou que aceitamos qualquer tipo de tratamento por parte dos outros. Vulnerabilidade é também aceitar e respeitar os nossos limites. É comunicar os nossos limites, independentemente da opinião dos outros. É fazer aquilo em que acreditamos sem procurarmos a aprovação dos outros, sem nos deixarmos limitar pelas críticas e comentários ferozes. É amar sem estar à espera de algo em troca. É viver sabendo que fazemos sempre o nosso melhor, mesmo que para o outro não seja o suficiente.

⇒ ABRAÇAR A VULNERABILIDADE ⇐

Nos dias que se seguiram à entrega do meu primeiro livro, quando me alinhei novamente com as minhas intenções, quando admiti a minha vulnerabilidade e voltei a conectar-me com ela, procurei uma citação da "guru" Brené Brown que tinha anotado num caderno onde guardo palavras que me tocam, e que me ajudam muitas vezes:

"Quando passamos a nossa Vida à espera de sermos perfeitos para saltarmos para a arena, sacrificamos relações e oportunidades que podem não ser recuperáveis, desperdiçamos o nosso precioso tempo, viramos costas aos nossos dons, os nossos possíveis contributos. A perfeição não existe na experiência humana. Temos de enfrentar a arena, seja ela uma nova relação, uma reunião importante, um processo criativo, uma conversa difícil ou uma aula intensa de partilha, com a coragem e a força de nos envolvermos. Ao invés de ficarmos de fora, a julgar e aconselhar, ousemos aparecer e ser vistos. Isto é a vulnerabilidade. Uma boa ousadia."

Todos os dias é convidado a abraçar a sua vulnerabilidade. Todos os dias é exposto. Às vezes, são coisas grandes, outras, pequenas. Quanto mais aceitar o facto de que é vulnerável, mais conseguirá viver de acordo com as suas intenções, mais *Heartful* será a sua Vida. Quanto mais se tentar proteger, mais está a deixar o medo dominar-lhe a Vida, mais desconectado se sentirá. A Vida oferece-lhe várias possibilidades de despir as máscaras, de deixar cair as armaduras construídas desde a infância. Pode ser o momento do lançamento de um livro. A decisão de ser mãe. Sair de uma relação. Aceitar um novo emprego. Começar a fazer exercício físico. Fazer uma viagem sozinho.

CONEXÃO – UMA NECESSIDADE HUMANA

Todos precisamos de nos sentir conectados. Somos criaturas dependentes da conexão com os outros. Esforçamo-nos constantemente para nos mantermos conectados, consciente ou inconscientemente. É como se a conexão desse sentido à nossa Vida. Mas, algures pelo caminho, permitimos que a mente assuma demasiado controlo nas tentativas de conexão.

E, hoje em dia, tentamos conectar-nos mais através da cabeça e da mente, e não a partir do coração. Pensar em como obter conexão (que, embora possa não ser um processo consciente, é o que fazemos quando elaboramos histórias complexas nas nossas cabeças) não leva aos mesmos resultados como uma conexão pura e plena através do coração. Em momentos de risco de desconexão aparecem, muitas vezes, sensações como o medo ou a vergonha, produzidos pelas tais histórias. E, neste processo, construímos uma proteção que se torna uma barreira à verdadeira conexão, e vivemos uma Vida de faz de conta… Tudo fruto da forma como fomos educados, numa sociedade em que o amor incondicional que os pais supostamente sentem rapidamente se transforma num amor condicional, onde as crianças aprendem que têm de ser perfeitas para serem amadas e que têm de merecer o amor. Quando, na realidade, se deveria passar a mensagem de que todos somos imperfeitos e merecemos todo o amor e conexão do mundo.

⇒ NAMASTÉ ⇐

Quando abraçamos a nossa vulnerabilidade deixamos obrigatoriamente cair as máscaras e proteções que construímos à volta do coração, dando espaço ao fluir natural do amor. Permite-nos ser vistos exatamente como somos e permite que os outros entrem no nosso coração. Apenas quando me permito ser vista e você se permite ser visto é que nos conseguimos realmente conectar, destruindo todo e qualquer tipo de barreiras entre nós. O encontro entre duas pessoas imperfeitas é o verdadeiro encontro humano. É assim que me revejo em si e você se revê em mim. Sentindo o significado da tão poderosa saudação indiana: *Namasté*.

Os indianos, quando se cumprimentam ou quando se despedem, têm o costume de dizer: *Namasté*. Esta palavra é ainda utilizada com o sentido de "obrigado". A tradução literal desta saudação varia um pouco, embora o sentido, na essência, seja o mesmo. Em sânscrito, a palavra *namah* significa saudação, *as* quer dizer eu e *te* tem como significado tu, ou seja, algo como: "Eu saúdo-te." Habitualmente traduz-se por: "A luz divina em mim reconhece a luz divina em ti"; "O Deus em mim reconhece o Deus em ti" ou: "O Ser que habita o meu coração saúda o Ser que habita o teu coração." Mas não há qualquer expressão que consiga descrever o significado rico desta bela saudação.

Quando se diz a palavra normalmente coloca-se as duas mãos no centro do peito com as palmas juntas, os dedos apontando para cima, acompanhando com uma pequena vénia.

Depois das minhas viagens pela Índia, de ter lido sobre a origem da palavra, de ter debatido sobre o seu significado, tanto com indianos como com ocidentais, depois ter meditado sobre a palavra no topo da montanha Arunachala, de ter mergulhado no *Mindfulness*, no *Heartfulness*, na autocompaixão e vulnerabilidade, para mim, o seu significado é uma emoção, uma sensação difícil de colocar em palavras. Se procurar dar uma definição, *Namasté* será mais ou menos isto:

"O meu coração reconhece o teu coração. Saúdo a luz, o amor, a beleza, a verdade e a sabedoria dentro de ti e que também estão dentro de mim. Vejo a tua imperfeição perfeita, exatamente como a minha é. Nesta conexão, vejo que entre nós não existe distância nem diferença, pois somos o mesmo."

Independentemente da língua que fale ou da definição que escolha, esta palavra promove uma sensação de conexão e mostra-nos como todos, na nossa essência, somos iguais.

⇒ EU VEJO-TE ⇐

Existe mais uma palavra que não faz parte da minha linguagem diária, como *Namasté*, mas da qual lembro-me muitas vezes pelo seu significado. É uma saudação zulu utilizada no sul do continente africano: *Sawabona*! Usa-se como o "olá", mas o seu significado vai muito além de um simples cumprimento. O significado literal é "eu vejo-te". A resposta a esta saudação é

Ngikhona ("eu estou aqui") ou *Yebo Sawubona* ("também te vejo"). Como em qualquer tradução de uma língua para outra, há uma parte do sentido que se perde e que está relacionada com o *feeling* da palavra que apenas os nativos têm. Por detrás desta saudação zulu percebe-se a mensagem: "Até me teres visto, eu não existia." O reconhecimento mútuo e a conexão que se cria através desse reconhecimento confirmam a nossa existência. Há um provérbio zulu que clarifica um pouco mais esta ligação: *Umuntu ngumuntu nagabantu* (Uma pessoa é uma pessoa por causa das outras pessoas).

A consciência de que no nosso encontro confirmamos a nossa existência, de que nessa conexão eu posso rever-me no outro, transforma totalmente a forma como nos ligamos e conectamos com os outros. Cada encontro é um encontro consigo mesmo, cada encontro pode ser mágico.

Mas para que essa magia possa realmente acontecer, tem de estar disposto a mostrar-se como é. Tem de se permitir ser visto. Em alguns *workshops* de *Mindfulness* que faço, promovo um exercício muito poderoso. Aos pares, os participantes sentam-se frente a frente. Cada um tem a tarefa de ver o outro. E o outro tem a tarefa de se permitir ser visto. Começamos por uma pequena meditação de olhos fechados e, algum tempo depois, peço que abram os olhos e façam as respetivas tarefas. Após cinco minutos, peço que fechem novamente os olhos, para depois trocarem de papéis. A experiência é muito poderosa e as conclusões reveladoras e transformadoras. Quem vê, observa, muitas vezes, a dificuldade do outro em permitir-se ser visto, e repara no momento em que a pessoa deixa cair a máscara e deixa de se proteger. Nessa altura, é comum caírem também algumas lágrimas. Quem se está a dar a conhecer e a permitir-se ser visto experiencia as dificuldades que tem com a tarefa, e nota como essa permissão vem do coração e não da cabeça. A mente tem de descansar para que o coração comece a brilhar. Convido-o a experimentar este exercício com alguém que conhece.

EXERCÍCIO "PERMITO-ME SER VISTO"

Para fazer este exercício necessita de mais uma pessoa. Decidam quem é pessoa 1 e quem é a pessoa 2. A primeira tarefa da pessoa 1 é ver e da pessoa 2 é permitir-se ser vista. O exercício deverá ser feito em silêncio.

Reflitam um pouco sobre as respetivas perguntas associadas à tarefa: "O que é ver?" e "O que é permitir-me ser visto?"

Fechem os olhos e façam respiração *Mindful* durante, no mínimo, cinco minutos. Podem colocar um alarme para controlar o tempo. Os pensamentos vêm, ficam um pouco e vão. Deixe-os estar, exatamente como se fossem nuvens no céu.

Abram os olhos e cumpram as respetivas tarefas. Observe. Fechem novamente os olhos. Deixe a experiência assentar e ir.

Invertam os papéis.

Terminem com mais uns minutos com os olhos fechados. Reflitam em conjunto sobre a experiência.

REFLEXÃO *HEARTFUL*:
COMO CUMPRIMENTA OS OUTROS?

Incentivo-o a refletir sobre a forma como cumprimenta os outros. Será que consegue dizer um "olá" vindo do coração e não apenas como uma reação automática? Será que, ao cumprimentar o outro, consegue ver a sua grandiosidade, vendo a pessoa muito para além do corpo físico? Ver alguém, ver mesmo, é uma das melhores coisas que pode fazer pelo outro. Oferece uma luz que dá energia, encoraja, cria conexão… confirma a existência. E também a sua. A forma como cumprimenta os outros é, muitas vezes, um reflexo de nós, quando não vemos o nosso próprio esplendor. Ver é um diálogo aparentemente silencioso onde reconhecemos que fazemos parte da Vida um do outro e que o único requisito é a nossa participação e entrega conscientes, exatamente como somos.

Transformando estes encontros de ver e ser visto, abre cada vez mais o coração, permitindo-o estar plenamente presente e sentir e entender a força da vulnerabilidade. E tudo isto requer coragem.

VIVER E AGIR
COM O CORAÇÃO

Coragem é outra palavra linda, cujo significado, por vezes, esquecemos. A palavra tem origem no latim *coraticum*, um termo composto por *cor*, que significa coração, e o sufixo *aticum*, utilizado para indicar uma ação referente ao radical anterior. *Coraticum* significa, então, literalmente, uma ação do coração. Isto porque acreditava-se que era no coração que se encontrava a coragem. Osho descreve muito bem o que significa agir com o coração e ser corajoso:

"A palavra coragem é muito interessante. Ela vem da raiz latina **cor**, que significa coração. Portanto, ser corajoso significa viver com o coração. E os fracos, somente os fracos, vivem com a cabeça; receosos, eles criam em torno deles uma segurança baseada na lógica. Com medo, fecham todas as janelas e portas – com teologia, conceitos, palavras, teorias – e escondem-se do lado de dentro dessas portas e janelas.

O caminho do coração é o caminho da coragem. É viver na insegurança, é viver no amor e confiar, é enfrentar o desconhecido. É deixar o passado para trás e o futuro acontecer. Coragem é seguir trilhos perigosos. A Vida é perigosa. E só os cobardes podem evitar o perigo – mas aí já estão mortos. A pessoa que está viva, realmente viva, enfrentará sempre o desconhecido. O perigo está presente, mas ela assumirá o risco. O coração está sempre pronto para enfrentar riscos; o coração é um jogador.

A cabeça é um homem de negócios. Ela está sempre a calcular, é astuta. O coração nunca calcula nada."

Embora a vulnerabilidade não seja uma qualidade desejada e valorizada na nossa sociedade, hoje em dia algo se passa com esta palavra. O vídeo da TED Talk da Brené Brown teve já mais de 25 milhões de visualizações. 25 milhões de pessoas como você e eu que estão interessadas em saber mais sobre algo que, normalmente, se procura esconder, prevenir, disfarçar. Ouvir as palavras partilhadas na palestra foi muito, muito importante para mim. Incentivo-o a ouvir, se ainda não o fez, e a voltar a ouvir, se já o fez. Há poucas coisas que me tocaram tanto. É como se a palestra fosse um grande *Namasté* ou *Sawabona*!

Muitas pessoas estão fartas das máscaras e barreiras que colocam nas relações. Querem sentir-se reconhecidas e conectadas e procuram relações verdadeiras. Querem deitar por terra a vergonha e a culpa, ter a coragem de assumir quem são, para se permitirem ser vistas. Acredito que cada pessoa que tem a coragem de se mostrar vulnerável inspirará umas quantas a fazerem o mesmo. Quem é mãe ou pai e quem convive diariamente com crianças tem um papel muito importante nesta mudança de paradigma. Através da educação das nossas crianças, podemos criar um futuro diferente, um futuro onde há igual valor e espaço, tanto para as nossas forças como para as nossas fraquezas. Um futuro em que a autoestima e a autoconfiança se desenvolvem adequadamente, onde temos a coragem para trabalhar de forma a sermos melhores, ao mesmo tempo que abraçamos as nossas imperfeições.

> **REFLITA SOBRE AS SEGUINTES QUESTÕES**
>
> Tem coragem para se permitir ser visto? Para amar incondicionalmente e por completo? Tem coragem para ver e amar a vulnerabilidade do outro, não esperando nada em volta? Tem coragem para dar os passos que o seu coração indica? Consegue perceber que é suficiente exatamente como é? Tem coragem para contar a sua história com o seu coração?

⇒ A ZONA DE VULNERABILIDADE ⇐

No *coaching* fala-se da zona de conforto e da zona de desafio utilizando-se muitas vezes o modelo de um círculo no meio com um círculo à volta. O modelo tem já algumas variações e quero agora propor uma diferente.

Imagine que no centro se encontram os aspetos que mais gosta em si ou que não tem medo de revelar. Aquilo que sente que domina e controla. Os níveis de ansiedade e *stress* são baixos. É um estado psicológico onde não se sente vulnerável. É a sua zona de conforto. Nesta zona, os seus comportamentos e atividades normalmente apresentam um padrão e seguem uma rotina, oferecendo-lhe uma segurança mental.

Para algumas pessoas a zona de conforto pode ser uma zona onde o conforto implica infelicidade. Pode até implicar depressão, desinvestimento numa relação amorosa ainda que a pessoa diga que a quer, a escolha por não ter filhos embora exista a vontade, manter-se num emprego que se detesta, dedicar muito tempo a preocupações com o futuro. No fundo, a zona de conforto é uma zona onde evitamos a vulnerabilidade.

A ideia de zona de conforto advém de uma experiência realizada com ratos, em 1908, pelos psicólogos Robert M. Yerkes e John D. Dodson, onde se concluiu que o estado de conforto cria um desempenho relativamente constante mas que a otimização do desempenho necessita de um certo nível de *stress* e ansiedade (conhecido por *optimal anxiety*), precisamente o que sentimos quando damos um passo da zona do conforto. Dando mais alguns passos podemos chegar à zona de pânico, sendo que nesse lugar o nosso desempenho diminui consideravelmente.

É importante referir que a zona de conforto em si não é nem boa nem má. É um estado natural que nos oferece segurança e conforto. E também é um estado em permanente mudança, no qual podemos trabalhar conscientemente para expandi-lo.

Dando um passo para fora da zona de conforto encontra o lugar onde se encontram as coisas que o desafiam, com as quais não se sente muito confortável, que não quer que os outros conheçam, aquilo que tem medo de experimentar porque sente receio de falhar. Chamemos a este sítio a zona da sua vulnerabilidade.

Os cientistas falam em desempenho e, neste contexto, o nosso desempenho tem a ver com os resultados que estamos a criar na nossa vida, do ponto de vista emocional, físico e mental, na vida pessoal e na vida profissional. Para aumentarmos a nossa zona de conforto e melhorarmos os nossos resultados, o mais sensato a fazer é entramos na zona da vulnerabilidade com os braços e o coração abertos. E isto aplica-se quer a uma relação amorosa, à relação com os filhos ou à relação com o chefe. Ao desejo de fazer uma viagem sozinho, de mudar de profissão ou de alcançar uma promoção. À vontade de praticar exercício físico ou de fazer uma dieta mais saudável. São muitas as coisas que se podem encontrar na zona da vulnerabilidade e são diferentes para todos...

⇁ SER O ESPELHO DOS OUTROS ↽

Muitas vezes quando encontramos coragem para dar o passo para a nossa zona de vulnerabilidade, os outros à nossa volta reagem.

As senhoras que escolhem vir comigo ao Retiro na Índia estão em 99% dos casos a entrar na zona de vulnerabilidade. Algumas estão a escolher seguir um sonho antigo, e todas estão numa fase da vida onde entenderam que é hora de assumir responsabilidade pelas suas necessidades, o que por norma implica sair da zona de conforto. As pessoas à volta das "minhas" aventureiras colocam-lhes perguntas do género "E não vais ter saudades dos teus filhos?", "Índia?! O que vais lá fazer?", "Isso não é perigoso?", "E as doenças?!", "É tão longe! Não podias ter escolhido um sítio mais próximo?", "Tanto tempo sem a tua família?!", "Vais sozinha?!", "E se acontecer alguma coisa?"

Num retiro, a Ana (nome fictício) enfrentou alguns desafios com as reações do marido. A partir do momento em que a Ana decidiu aventurar-se, e mesmo a caminho do aeroporto, o marido questionava e criticava a sua escolha. Quando nos encontramos no aeroporto, o desconforto e a tensão do marido eram evidentes. Felizmente, quando a Ana voltou da viagem e o marido encontrou a mulher feliz, com os olhos a brilhar, determinada e pronta para fazer escolhas novas na vida e investir mais tempo na família e na sua relação, ele entendeu o quão necessário tinha sido para a Ana sair da zona de conforto. Podemos refletir sobre as razões da reação do marido da Ana e uma delas certamente tem a ver com o facto de que a escolha da mulher o empurrou a ele, involuntariamente, para a zona de vulnerabilidade.

É muito interessante como a nossa escolha de sair da zona de conforto pode fazer com que outras pessoas se sintam desconfortáveis. Quando fazemos escolhas inesperadas, como a pessoa que decide despedir-se do emprego executivo para fazer bolos, a mãe que decide embarcar numa viagem sozinha ou a jovem que decide ser vegetariana, quando decidimos entrar na zona de vulnerabilidade, transformamo-nos num espelho que para alguns pode ser inspirador, para outros extremamente desconfortável. Quando faz a escolha consciente de entrar na sua zona de vulnerabilidade pode levar o outro a entrar também na sua (tal como aconteceu com o marido da Ana), ou pode mostrar ao outro que está a escolher ficar na sua zona de conforto. Ambas as situações são dolorosas. E como a pessoa não está disposta a enfrentar a sua vulnerabilidade defende-se da própria dor questionando as escolhas que você fez.

A escolha de entrar na zona de vulnerabilidade requer coragem, às vezes pouca, às vezes muita, e essa coragem vem do coração. Quanto mais alinhado estiver com as suas intenções e o seu coração, quanto mais honesto e verdadeiro estiver a ser consigo mesmo, quanto mais *Mindfulness* e *Heartfulness* praticar, mais clareza sentirá e mais coragem terá para entrar na sua zona de vulnerabilidade, de coração aberto. E a cada vez que se aventura na zona de vulnerabilidade, com coragem e compaixão, fortalece a sua autoestima. Isto não significa que nunca mais se vai sentir desafiado pela vulnerabilidade, mas significa que estará bem nos momentos em que se sentir sesafiado pela vulnerabilidade.

Namasté!

MOMENTO HEARTFUL
MOMENTO HEARTFUL

Agora mesmo, após ter lido estas instruções, pouse o livro. Sente-se confortavelmente, feche os olhos e reflita um pouco sobre as seguintes perguntas:

O que não quero que os outros vejam?
O que não estou a fazer neste momento porque tenho medo de me vulnerabilizar?

CONVIDO-O AGORA A FAZER A **MEDITAÇÃO DA VULNERABILIDADE**, DISPONÍVEL NA APP MIAFULNESS E EM
WWW.PORTOEDITORA.PT/MIAFULNESS

6

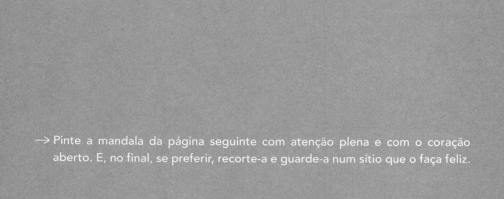

→ Pinte a mandala da página seguinte com atenção plena e com o coração aberto. E, no final, se preferir, recorte-a e guarde-a num sítio que o faça feliz.

VEJA A PERFEIÇÃO NA IMPERFEIÇÃO (ATRAVÉS DA AUTOCOMPAIXÃO)

*"**Quer** conhecer o amor da sua Vida? Olhe-se ao espelho."*
Byron Katie

Entre 1995 e 1996 vivi na Escócia. Mais especificamente em Edimburgo, uma cidade que, mais tarde, apelidei de cidade do meu coração. Tinha 19 anos e decidi embarcar numa grande aventura sozinha: trabalhar e aprender inglês durante um ano, antes de ingressar na faculdade. Edimburgo foi a cidade escolhida. O ano na cidade do meu coração ensinou-me muitas coisas. Mas talvez a aprendizagem mais importante tenha que ver com a compaixão. Praticamente todos os dias passeava pela cidade e passava por muitos sem-abrigo. Alguns pediam ativamente dinheiro, outros estavam sentados com um copinho de plástico e uma mensagem escrita num pedaço de cartão, outros ainda vendiam a revista dos sem-abrigo. Inicialmente, incomodava-me bastante passar por essas pessoas. Não estava habituada a ver pedintes nas ruas da Suécia. O sofrimento dessas pessoas era óbvio e sentia muita pena delas. Dei por mim a criar diferentes estratégias mentais para não ter de lidar com o sofrimento que sentia quando assistia ao sofrimento deles. Não me sentia bem por não fazer nada, mas também não sabia o que poderia dizer. Queriam dinheiro, e eu tinha muito pouco. Ganhava 30 libras por semana com o trabalho como *au pair*. De vez em quando, dava-lhes uns trocos, e foi tudo o que fiz durante um largo período de tempo. Até ao dia em que apareceu um senhor novo a vender a revista dos sem-abrigo. Era bem-disposto, divertido, com um brilho muito especial. Esse senhor deu-me uma grande lição. Quando passei por ele, perguntou-me se queria comprar a revista. Como no dia anterior tinha comprado o mesmo número a outro vendedor, expliquei-lhe exatamente isso. Não sorri e não o olhei nos olhos. Queria passar rapidamente, para não acumular aquelas sensações de pena e impotência. Continuei a andar e o senhor exclamou: "Ei, um olhar e um sorriso são de graça e fazem a diferença!" Parei, virei-me para o senhor e olhei-o nos olhos. Acho que estivemos ali a olhar um para o outro durante uns segundos, mas a mim pareceu uma eternidade. Inspirei profundamente, senti-me a sorrir e os meus lábios formaram um "obrigada". Nesse instante, as sensações de pena e sofrimento transformaram-se numa grande compaixão por este ser que tinha à minha frente. Sussurrei mais uma vez "obrigada" e continuei a caminhar, e o sem-abrigo continuou a fazer o seu trabalho. A partir desse dia, sempre que passava pelo senhor trocava algumas palavras e sorrisos. Uma vez por mês comprava a revista, das outras vezes as palavras, os sorrisos e a compaixão eram mais do que suficientes. Eram a confirmação de que eu o via e de que ele me via. Sem julgamentos. Enquanto eu reconhecia o sofrimento nele, ele, embora eu parecesse ter uma situação de Vida mais simples, não negava o meu. Esse momento transformou-se num encontro diário, de humano para humano, em compaixão. Até ao dia em que o James já não estava lá. Nunca soube o que lhe aconteceu, mas guardei sempre comigo o que ele me ensinou sobre a compaixão: "Ei, um olhar e um sorriso são de graça e fazem a diferença!"

A compaixão é, muitas vezes, confundida com pena. O James fez-me perceber que não existe qualquer relação, quer intelectual quer emocionalmente. A origem da palavra compaixão vem do latim *compassione*, e *passione* significa "sofrer". Ou seja, a palavra compaixão exprime o ato de se juntar ao sofrimento, de se estar com o sofrimento do outro; com a prática da compaixão, abro o meu coração ao sofrimento do outro e procuro uma forma de o aliviar. Muitas vezes, ter a coragem de estar presente e não julgar bastam para aliviar um pouco o sofrimento do outro. Em vez de evitar olhar nos olhos do James, fingindo estar muito ocupada e com pressa, naquele dia parei, olhei, coloquei-me no lugar dele e, por uns instantes, vi o mundo através dos seus olhos. Compreendi aquilo a que se referia quando disse que um olhar e um sorriso fazem toda a diferença, e que isso era já uma forma de o ajudar no seu sofrimento. Entendi que ele não estava separado de mim. Eu é que tinha andado a forçar essa separação, tentando ignorar o sofrimento dele para não me sentir mal.

Mas mais difícil do que sentir compaixão pelos outros parece ser sentir autocompaixão. As histórias que contamos sobre nós próprios e os julgamentos que nos fazemos são duros. E são precisamente estas afirmações que estão na origem do nosso sofrimento. Julgamo-nos pelos nossos erros, por não fazermos a coisa "certa", não sabermos o suficiente, não sermos o suficiente, e ficamos presos naquilo a que Tara Brach, psicóloga e professora de meditação, chama de "transe de falta de valor".

Os estudos sobre a área da autocompaixão revelam uma tendência clara. A autocompaixão ajuda-nos a sofrer menos e a prosperar emocionalmente. E quanto mais autocompaixão sentimos, menos níveis de *stress* e ansiedade sofremos. As pessoas com níveis mais altos de autocompaixão lidam melhor com os problemas e entendem com maior facilidade que os desafios presentes na Vida não definem quem elas são. Isto não significa que não têm emoções ou pensamentos negativos, mas conseguem validar e reconhecer que algo está a ser difícil para elas. Não substituem emoções e pensamentos negativos por emoções e pensamentos positivos, e conseguem gerar a sensação de bem-estar, oferecendo espaço à dor. Por conseguinte, a autocompaixão está associada à inteligência emocional, sabedoria interior, bem-estar, satisfação e conexão. Quem pratica a autocompaixão tende a sentir mais felicidade, otimismo, curiosidade, criatividade e entusiasmo, ao invés de quem se torna muito autocrítico. A ligação direta com a autoestima é bastante óbvia, e como quero alimentar estas sensações boas, em mim e na minha família, e acredito que é também algo que procura, vou explicar melhor o que é a autocompaixão e como se pratica.

AUTOCOMPAIXÃO
E *MINDFULNESS*
⇒ CRIAM *HEARTFULNESS* ⇐

A autocompaixão é, simplesmente, a compaixão direcionada para dentro, para o nosso próprio sofrimento. Durante a última década, a autocompaixão ganhou muita popularidade, e são vários os estudos científicos que se têm debruçado sobre os seus benefícios (se quiser, pode consultar a pesquisa feita por Kristin Neff, Ph.D.). Neste momento, a autocompaixão é, muitas vezes, vista como um complemento ao *Mindfulness*. E, para mim, quando juntamos a autocompaixão ao *Mindfulness*, temos o *Heartfulness*.

Quando pratica a autocompaixão, trata-se a si próprio com o mesmo carinho, gentileza e cuidado com que trata as pessoas mais próximas de si. Quando pratica a autocompaixão, responde com gentileza às suas falhas, lutas e erros, e deixa a autocrítica e o autojulgamento partirem. Quando conseguimos praticar a autocompaixão, estamos a dar-nos aquilo que, muitas vezes, esperamos que os outros nos deem, e que talvez nunca iremos receber. Somos gentis e carinhosos, como se nos estivéssemos a oferecer um abraço caloroso. Na ausência de avaliação, julgamentos e expectativas conseguimos ver que para sermos perfeitos somos obrigatoriamente imperfeitos. E está tudo bem.

EXPERIMENTE AGORA

Respire *Mindfulmente*. Feche os olhos. Abrace-se a si mesmo durante pelo menos 20 segundos. Observe.

A prática da autocompaixão é, muitas vezes, dificultada pelo tal "transe de falta de valor" em que muitas pessoas vivem. A forma como atualmente a sociedade funciona ajuda a manter esse transe, pelas constantes avaliações a que somos sujeitos e pela ideia de que temos constantemente de ser melhores, de que se não fizermos certas coisas somos insuficientes, de que temos de ter objetivos e atingi-los. Se não os atingirmos, se não conseguirmos mudar o que "deveríamos" mudar, se não conseguirmos ser melhores profissionais, mães/pais ou companheiras/companheiros, se não conseguirmos perder aqueles quilos ou transformar o nosso corpo num "mais modelado", então não temos valor. E esta "condenação" acontece quer estejamos no mundo dos negócios, numa Vida mais "alternativa", a praticar a maternidade/paternidade, etc. Isto é-nos transmitido pela educação, por exemplo, pela forma como exercemos a parentalidade quando nos focamos em corrigir o comportamento das crianças, utilizando castigos e recompensas para as manipular, muitas vezes comunicando que não são perfeitas exatamente como são. Esta forma de educar reproduz rápida e repetidamente o mesmo padrão.

"Hoje desatei a julgar-me e a olhar para mim com um olhar crítico... mas depois parei de fazer isso e comecei a compreender-me. E então comecei a ser paciente comigo. E passei a sentir uma brandura no peito. Percebi então que consigo compreender-me e ser paciente comigo, tal como costumo ser paciente e compreensivo com todos os outros. E porquê? Porque eu mereço isso e muito mais."

C. JoyBell C.

OS TRÊS COMPONENTES
DA AUTOCOMPAIXÃO

A cientista que mais se dedica à área da autocompaixão que mencionei há pouco, Kristin Neff, explica que esta tem três componentes.

→ "Autorrespeito" (em vez de autojulgamento). A cultura ocidental reforça muito a importância de sermos simpáticos, carinhosos, respeitadores e gentis com os outros, mas falha na promoção das mesmas atitudes em nós próprios. Para promovermos a autocompaixão, temos de ser simpáticos, carinhosos, respeitadores, gentis e compreensivos connosco, em vez de nos deixarmos aprisionar pela autocrítica e os autojulgamentos.

→ "Somos um todo" (em vez de nos sentirmos isolados). Ao percecionarmos esta realidade, entendemos que os erros e as falhas fazem parte da Vida de todos. Não estamos sozinhos na nossa imperfeição, aliás, é algo que temos em comum com todos os seres humanos. Entendemos que as nossas experiências fazem parte de uma experiência humana maior. Não julgamos que somos apenas nós que erramos, enganamo-nos ou fazemos as coisas mal. Lembramo-nos da nossa experiência humana partilhada e sentimo-nos menos isolados.

→ *Mindfulness* (em vez da sobrecarga de juízos de valor). Esta prática faz parte, obrigatoriamente, do exercício da autocompaixão. Mantemos a atenção plena em relação aos pensamentos e às emoções que nos desafiam e causam sofrimento. Oferecemos espaço ao que é e criamos equilíbrio, em aceitação e sem julgamentos. O *Mindfulness* é um componente essencial da autocompaixão, porque temos de estar dispostos a experienciar as emoções e os pensamentos dolorosos, e o *Mindfulness* oferece-nos a possibilidade de o fazer sem irmos ao fundo, sem nos identificarmos com as críticas e os julgamentos e conseguindo reconhecer que os pensamentos e as emoções são isso mesmo, pensamentos e emoções, e que não precisamos de acreditar nas histórias do comentador interno. Assim, conseguimos também entender que o nosso sofrimento é muito similar ao sofrimento que conseguimos observar nos outros.

Kristin Neff defende que os três componentes da autocompaixão são conceptualmente distintos, mas que, ao mesmo tempo, estão interligados, pois a autocompaixão pode ser considerada como uma única experiência composta por estas partes que interagem.

Convido-o agora a refletir sobre a sua relação com estes três componentes. Consegue praticar o "autorrespeito" ou passa mais tempo a fazer autojulgamentos? Consegue ver que todos temos desafios na Vida ou sente que os seus são únicos e que apenas você tem lutas para travar? Consegue ser *Mindful* relativamente aos seus pensamentos e emoções ou identifica-se completamente com eles, permitindo que definam a forma como se relaciona com a Vida? Uma coisa é entendermos estas diferenças de forma intelectual, outra é entendê-las também com o coração. Seja honesto consigo quando faz esta reflexão.

Lembre-se de ser gentil, carinhoso, de oferecer espaço para o que é. É muito fácil cair num buraco fundo de autojulgamentos ao fazermos este inquérito. Quando percebemos que nos estamos a julgar muito, em vez de praticarmos a autocompaixão, podemos desatar a julgar-nos ainda mais. Se sentir dificuldade em trocar os julgamentos por compaixão, experimente a curiosidade. Em vez de julgar, observe ("Que curioso, estou a julgar-me por estar a julgar") e veja o que acontece. É normal que consiga ver coisas que ainda não tinha visto, e é normal que lhe apareça um ligeiro sorriso nos lábios.

MITOS SOBRE A
→ AUTOCOMPAIXÃO ←

Não somos educados, tradicionalmente, a praticar a autocompaixão, bem pelo contrário. Existem alguns mitos relacionados com o tema. Gostava de abordar os dois que mais encontro no meu trabalho, tanto na área de *Mindfulness* e *Heartfulness* como na área de Parentalidade Consciente.

Praticar a autocompaixão não significa que somos egoístas ou que temos pena de nós próprios. Estar completamente mergulhado nos problemas pessoais e esquecer-se do sofrimento dos outros não tem nada que ver com autocompaixão. Na prática da autocompaixão, ao mesmo tempo que há a capacidade de relativizar as dificuldades individuais, há também o reconhecimento do sofrimento do outro. A autocompaixão não parte de julgamentos positivos ou avaliações. É uma forma de nos relacionarmos de modo positivo connosco e, consequentemente, de aumentarmos a autoestima. Quando pratico a autocompaixão não sinto que o meu sofrimento é mais importante do que o do outro, sinto-me mais conectada comigo e, logo, mais conectada com as pessoas à minha volta.

Muitos acreditam que a autocrítica é necessária para haver melhorias. Mas isso não é verdade. A autocrítica não é um verdadeiro motivador. Pelo contrário, de acordo com Kristin Neff, cria o medo de falhar e faz com que percamos confiança em nós. Muitas vezes, a autocrítica faz com que nunca fiquemos realmente contentes, que nunca nos sintamos satisfeitos e suficientes, porque podemos sempre fazer melhor. Embora possa ser verdade que temos a capacidade de melhorar, com a autocompaixão conseguimos trabalhar isso a partir de um sítio de aceitação e paz, e não a partir de um sítio onde nos desvalorizamos.

A AUTOCOMPAIXÃO
⇥ É O MELHOR REMÉDIO ⇤

É importante referir que praticar *Mindfulness*, *Heartfulness* e autocompaixão não significa não ter objetivos, não querer mudar ou agir de qualquer maneira. Não quer dizer que não iremos perder peso, poupar dinheiro para uma viagem de sonho, treinar para uma maratona, que não vamos fazer um retiro de desenvolvimento pessoal ou aumentar os nossos conhecimentos. Não indica que não queremos que os nossos filhos respeitem os outros ou que vamos permanecer numa relação abusiva. Significa apenas que estamos no aqui e no agora, enquanto trabalhamos para atingir o objetivo a que nos propomos, alinhados com a nossa intenção. Sabendo que o valor que temos agora será exatamente igual ao que teremos se atingirmos ou não o objetivo.

A principal diferença é que quando praticamos a autocompaixão, o ponto de partida da mudança é sempre positivo. Muitas vezes, quando queremos mudar é porque achamos que algo está mal, porque nos queremos libertar de algo. Queremos mudar porque pensamos que não temos valor da forma como estamos num determinado momento. Vivemos com a ideia falsa de que se formos mais magros, tivermos mais conhecimentos, escondermos os cabelos brancos, meditarmos... temos mais valor. Algo que, obviamente, não é verdade. Quando quer viver uma Vida *Heartful*, a autocompaixão está bem presente nos momentos de mudança e o que o move é a vontade de se tornar mais saudável e feliz, porque se preocupa consigo, porque quer cuidar de si. A sua alavanca é o amor, a estima e o carinho que sente por si, e não o amor ou algo que acha que vai receber se, de alguma forma, for diferente. Assim, quanto mais autocompaixão, mais saudável a autoestima.

A autocompaixão é a melhor ferramenta a utilizar quando nos sentimos desadequados ou insuficientes. Quando falhamos e erramos. Quando nos encontramos num grande esforço emocional e sentimo-nos uma fraude. No fundo, quando estamos com algum tipo de sofrimento, seja emocional, mental ou físico. Já percebeu, certamente, a ligação que a autocompaixão tem com a autoestima. A autocompaixão é o principal remédio para uma autoestima "doente". Com a prática da autocompaixão, a autoestima começa a fortalecer-se quando o seu inconsciente percebe o valor que tem, independentemente da aparência física, intelecto, conhecimentos e competências, aquilo que faz ou não faz, aquilo que diz ou não diz, de quem é como amigo, filho, profissional ou mãe/pai. Tem sempre o mesmo valor, e percebe isso no seu coração quando pratica a autocompaixão.

No budismo e na psicologia budista, a autocompaixão está muito presente. Ocupa, aliás, um lugar de destaque e tem a mesma importância que a compaixão. Sem autocompaixão não pode existir verdadeira compaixão. Quando reflito sobre a autocompaixão, gosto de utilizar a metáfora do funcionamento do nosso coração físico. Enquanto estamos vivos, o coração bate e faz com que as veias consigam transportar o sangue para o resto do corpo. O dia todo, a noite toda. Mas para esse processo funcionar, antes de o coração enviar o sangue, enche-se a si mesmo. Fica totalmente cheio, para depois "bombear" o sangue para o resto do corpo.

> "Se não se ama, não será capaz de amar os outros.
> Se não sente compaixão por si, não será capaz de sentir
> compaixão pelos outros."
> *Dalai Lama*

AUTOCOMPAIXÃO
⇒ NA PARENTALIDADE ⇐

Uma das áreas em que mais tenho praticado a autocompaixão é na Parentalidade. Existem tantas dicas, ideias e até regras em relação à forma como se "deve" educar uma criança. Em geral, a forma como educamos não promove o desenvolvimento de uma saudável autoestima nem incentiva a prática da autocompaixão. Mas para conseguirmos mudar a forma como educamos, para termos força para realizar essa mudança, temos de nos lembrar do coração que se enche de sangue para depois enviá-lo para o resto do corpo, e praticar a autocompaixão, oferecendo espaço a todas as nossas "falhas" e "erros" como educadores e pessoas. Como mãe, quando pratico autocompaixão valorizo-me pela mãe que sou, com todas as coisas boas e menos boas que tenho. Crio um espaço onde tenho a oportunidade de mudar a minha parentalidade com consciência e pela positiva, estando consciente de que não há nada de errado comigo agora, nem que terei mais valor depois.

A ciência mostra-nos também a ligação entre uma parentalidade consciente e compassiva e a felicidade. Indivíduos que são educados num ambiente seguro, não só física como emocionalmente, onde o foco é a criação de boas relações, desenvolvem uma autoestima mais saudável e tendem a praticar mais facilmente a autocompaixão. Por outro lado, pessoas educadas em ambientes mais stressantes, onde existe maior insegurança e mais ameaças, tendem a ter dificuldade em se autovalorizarem. Há uma tese que revela que muitas das pessoas que não sentem autocompaixão cresceram numa família onde se criticava e julgava muito, em constante conflito e com falhas graves na vinculação entre pais e filhos.

A nossa voz interior tem uma origem. A forma como os nossos pais e as pessoas mais próximas falavam connosco, as palavras que utilizavam, os julgamentos e as críticas que faziam, transformaram-se, com o passar do tempo, nessa voz interior. É fácil entender que uma criança que cresce num ambiente sem julgamentos sente-se feliz em adulto, não ouve constantemente a voz interior do autojulgamento; pelo contrário, ouve a voz suave do amor e da compaixão.

"A forma como falamos para o nosso filho torna-se a sua voz interior."
Peggy O'Mara

Eu tenho as minhas crenças bastante fortes em relação à parentalidade, o que me faz ter bem presente a intenção de demonstrar respeito pelos meus filhos, de não os julgar e de os aceitar exatamente como são. Isso não significa que eles fazem o que querem, que lhes dou tudo o que pedem ou que não demonstro limites. Quer dizer que, independentemente do que se esteja a passar com eles, do comportamento, das notas, se estão limpos ou sujos, procuro demonstrar-lhes o meu amor incondicional. Nem sempre consigo. Nem sempre ajo da forma que considero, que sei, que é a melhor para eles, para mim e para a nossa relação. As razões podem ser muitas, cansaço, stress, impaciência, e fazem com que o autocrítico interno rapidamente entre em ação e desate a fazer comentários e julgamentos. Quando noto que estou a dar demasiado espaço à autocrítica e ao autojulgamento, olho e sorrio para dentro, faço a prática que sugiro no Momento *Heartful* no final deste capítulo. Quando demonstro aos meus filhos que sou imperfeita e que consigo ser compassiva e não me julgar por isso, ofereço-lhes uma prenda muito valiosa. Permito-lhes que também sejam imperfeitos, e perfeitos nas suas imperfeições, e mostro que todos temos valor, o mesmo valor, independentemente do que aconteça. Espero, assim, poder contribuir para uma boa capacidade de prática da autocompaixão.

UM MURRO NA BARRIGA

A autocompaixão é uma parte fundamental do *Heartfulness*. Podemos demonstrar esta dinâmica com uma pequena metáfora. Imagine que alguém lhe dá um murro na barriga. Quando pratica *Mindfulness*, pode observar a dor que o murro lhe causa sem julgamentos ou resistência. Pode sentir o pulsar da dor e todas as sensações associadas. Permite que a dor esteja como está. Quando escolhe incluir a autocompaixão no processo, surge a vontade de cuidar (que não tem nada que ver com sentir pena) e talvez alguma sensação terna de preocupação. Ao mesmo tempo que aceita a situação na qual se encontra, reconhece o desejo de não querer experienciar novamente essa dor. É o testemunho da experiência e, ao mesmo tempo, o cuidador que oferece um abraço carinhoso e, assim, está presente com o que é de uma forma *Heartful*.

Neste caso em concreto falamos de um murro na barriga, mas poderíamos estar a falar de outra coisa qualquer que tem o potencial para causar sofrimento. Um erro que faz, um julgamento ou uma escolha de outra pessoa, um pensamento que chega ou uma história que conta. Kristin Neff costuma dizer que praticamos a autocompaixão não para nos sentirmos melhor, mas porque nos estamos a sentir mal. E acho que esta perspetiva faz toda a diferença na prática e tem tudo que ver com o que discutimos no capítulo *Do Mindfulness ao Heartfulness* e com o que referi atrás, sobre objetivos e vontade de mudar. Existem tantas coisas na nossa sociedade que fazemos apenas porque achamos que vamos obter algum tipo de benefício. Com esta prática, aprendemos a aceitar este momento exatamente como ele é, sem resistência, enquanto reconhecemos a presença do nosso sofrimento com a ajuda da compaixão e da segurança emocional. E é desta forma que acontece a transformação, sem esforço, exatamente como tem de acontecer. A autocompaixão permite-nos também entender e sentir que não é necessário lidarmos com tudo sozinhos. Permite-nos pedir ajuda, sem autojulgamentos ou sensações de culpa, quando pedir ajuda é a coisa mais natural e certa a fazer.

CARTA DE AUTOCOMPAIXÃO

A partir de hoje, e durante os próximos seis dias, ou seja, durante uma semana, experimente escrever uma carta dirigida a si mesmo, onde escreve para si com compaixão. No final da semana, leia todas as cartas. Observe o que este processo faz consigo.

⇒ PERFEITOS NA IMPERFEIÇÃO ⇐

O principal ensinamento que retirei do encontro com James, há mais de 20 anos, foi que um olhar e um sorriso gentil são a fisiologia da compaixão. É a forma mais simples e autêntica de mostrar a compaixão que sinto. É a forma mais simples e autêntica de reconhecer o outro e o seu sofrimento. E também me posso oferecer esse mesmo olhar e esse mesmo sorriso. Quando a minha voz interior é muito crítica, quando não ajo de acordo com os padrões dos outros, ou os meus, quando sinto a autoestima a baixar, procuro parar, olhar e sorrir para dentro. Às vezes, lembro-me mais, outras menos, por vezes é fácil, noutras é muito desafiante, e está tudo bem. Reconheço isso, vendo e sorrindo.

Nas suas pesquisas, Kristin Neff concluiu que a principal razão para as pessoas não praticarem mais a autocompaixão é o receio de se tornarem demasiado egocêntricas. Por outro lado, o que a mesma pesquisa demonstra é que isso não é, de todo, o caso, bem pelo contrário. Com a autocompaixão vem também uma grande compaixão pelo outro. Isto é algo que as antigas filosofias orientais já defendem há muito. Agora é você quem tem de decidir. Quer sentir mais compaixão ou mais julgamento? Só você consegue parar com os seus próprios julgamentos, e o melhor remédio é a autocompaixão. Para alcançar a paz, a guerra não é o caminho. Para aumentar a compaixão e a autocompaixão, tem de as praticar. Exatamente como uma maratonista corre muitos quilómetros por semana. Pode começar esta prática agora mesmo. Repare nos pensamentos que está a ter. Será que um pouco de autocompaixão ajudá-lo-ia neste preciso momento? Todos os seus "erros" são convites para esta prática. "Esqueci-me de dar os parabéns à minha mãe no Dia da Mãe"; "Não tive paciência com o meu filho"; "Gritei com a minha mulher"; "Deveria ter dito outra coisa"; "Não consigo meditar"; "Não consegui o objetivo do mês nas vendas"; "Ela é mais bonita e mais inteligente do que eu". Estes são exemplos de situações que o convidam a ser um pouco mais gentil consigo, um pouco mais simpático, mais compreensivo.

A verdade é que não necessita de fazer o que quer que seja para ter valor, ser único e especial, porque simplesmente já o é só por existir. Uma rosa não faz nada de especial para se transformar numa rosa, nem tenta transformar-se noutra coisa a não ser uma rosa. Ela está simplesmente atenta e aberta para receber os nutrientes de que necessita. Vira-se para o Sol, espalha as folhas e fortalece as raízes. Pode escolher fazer como a rosa, abrindo-se naturalmente para preencher as suas necessidades. Sem fazer esforço, permitindo a Vida acontecer como está a acontecer, com tudo o que contém. O amor e o sofrimento. A alegria e os desafios. O que faz bem e o que faz menos bem. E, assim, a rosa que já é, por dentro, terá o solo certo para emergir no seu tempo. O tempo certo. A semente de mostarda faz igual.

Ter autocompaixão significa honrar e aceitar que é imperfeito. Exatamente como todos os outros seres humanos. Nenhum de nós vai alguma vez conseguir ser perfeito, pois a perfeição não existe. Nem as coisas vão correr sempre como nós queremos. Independentemente da "quantidade" de *Mindfulness* ou *Heartfulness* que praticamos, independentemente de todas as horas de meditação, ioga ou relaxamento, haverá erros e desafios. Haverá momentos em que necessitamos do outro. Essa é a condição humana, e podemos estar mais ou menos conscientes disso. Quanto mais abrir o coração para esta realidade, em vez de lutar contra ela, mais compaixão e conexão sentirá, consigo e com os outros. A prática da autocompaixão e a consciência do *Heartfulness* permitem-lhe ver a sua perfeição nessa imperfeição, permitem-lhe viver esta experiência partilhada por todos, em consciência e amor. E assim conseguirá ver o que existe além das ideias de perfeição e imperfeição.

PRÁTICAS DE AUTOCOMPAIXÃO

Quando pratica a autocompaixão, trata-se a si próprio da mesma forma que trata as pessoas que mais ama. Tem o coração completamente aberto para si, e a mente também! Está aqui e agora, no seu espaço, sem julgamentos. Para iniciar a prática de autocompaixão pode experimentar algumas coisas diferentes.

→ Quando perceber que está num momento de autocrítica, pare e respire. Imagine o que faria se fosse outra pessoa a ter essa experiência. Se o seu melhor amigo falasse consigo sobre o que está a acontecer, o que diria? Como o trataria?

→ Observe a linguagem que utiliza. Observe cada palavra presente quando fala consigo. Utilizaria as mesmas palavras e a mesma linguagem falando com um grande amigo?

→ Pense nas palavras e frases que pode utilizar, como alternativa às que normalmente utiliza. Pode acompanhá-las com um gesto físico. Talvez um abraço a si mesmo, uma mão no coração ou um carinho na face, enquanto diz, por exemplo: "Tenho valor exatamente como sou!"; "Amo-me incondicionalmente!"; "Está tudo bem!"

→ Lembre-se todos os dias de algumas coisas boas que fez por si ou que disse a si mesmo.

→ Medite! Utilize a meditação guiada que acompanha este capítulo ou procure outras meditações na Internet. A meditação ajuda a "reprogramar" o cérebro e treina o "músculo" do *Mindfulness*, do *Heartfulness* e da autocompaixão.

MOMENTO HEARTFUL

MOMENTO HEARTFUL

Lembre-se de um momento, que se tenha passado hoje ou nos últimos dias, em que, de alguma forma, se julgou ou criticou. Sente-se confortavelmente e respire de uma forma *Mindful*. Sinta o coração. Sinta como se manifesta a sensação do julgamento. Observe. Lembre-se das palavras do James, olhe e sorria. Para dentro, para o julgamento, para as sensações, para o coração. Se quiser, pode colocar as mãos no peito. Olhe com compaixão e sorria gentilmente.

CONVIDO-O AGORA A FAZER A **MEDITAÇÃO DA AUTOCOMPAIXÃO**, DISPONÍVEL NA APP MIAFULNESS E EM WWW.PORTOEDITORA.PT/MIAFULNESS

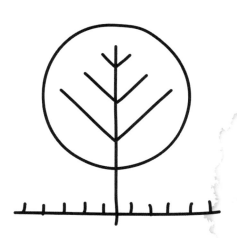

7

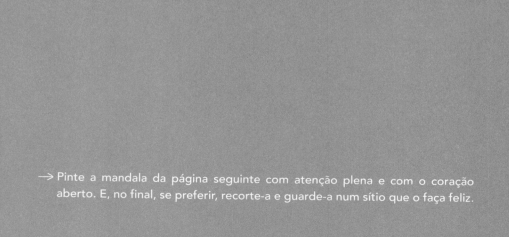
→ Pinte a mandala da página seguinte com atenção plena e com o coração aberto. E, no final, se preferir, recorte-a e guarde-a num sítio que o faça feliz.

DIGA *NÃO* COM A CONSCIÊNCIA TRANQUILA

"Há um tempo em que é preciso abandonar as roupas usadas, que já têm a forma do nosso corpo, e esquecer os nossos caminhos, que nos levam sempre aos mesmos lugares.
É o tempo da travessia: e, se não ousarmos fazê-la, teremos ficado, para sempre, à margem de nós mesmos."
Fernando Teixeira de Andrade

Estava sentada no grande auditório da faculdade, a participar numa reunião convocada com urgência, onde estavam presentes o reitor da Universidade e todos os colegas do curso que frequentava. Como porta-voz escolhida pelo grupo, estava num debate muito desafiante com o reitor. Sentada na fila da frente, sentia-me minúscula sempre que o reitor, grande, alto e forte, se inclinava sobre mim, gesticulando e usando um tom de voz alto, ruidoso e agressivo. Sempre que eu tentava intervir, ele interrompia-me, e o seu discurso tornou-se cada vez mais desrespeitador. Ele estava sem argumentos e começou a falar de assuntos que nada tinham que ver. Até que gritou: "Eu sou mais importante e tenho mais contactos do que tu alguma vez terás!" Toda a sala congelou. Senti-me confusa, e admito que os julgamentos dentro da minha cabeça em relação ao senhor eram imensos. Senti-me tremendamente desrespeitada e que todos os meus limites tinham sido claramente ultrapassados. Olhei-o firmemente nos olhos. Via tudo em câmara lenta. Observava em mim a vontade de devolver algo muito feio à sua afirmação, mas ouvi uma voz dentro da minha cabeça a dizer-me: *Já chega!* Levantei-me e disse-lhe: "Parabéns!" Ele perguntou: "O que disseste?" E eu: "Parabéns!" Virei costas, procurando parecer segura, enquanto tremia por todos os lados, e saí da sala.

Nos dias seguintes, repeti várias vezes aquele cenário na minha mente. Pensava em coisas que deveria e poderia ter dito. Até chegar à conclusão de que nada poderia ter acontecido de forma diferente, simplesmente porque aconteceu como aconteceu. Mas que eu poderia tirar uma lição essencial deste episódio: a importância de mostrar os meus limites muito mais cedo.

Naquela situação em concreto, estava numa posição muito vulnerável e a pessoa do outro lado abusava da posição que tinha e da minha vulnerabilidade. Quando não conseguimos colocar limites e responsabilizar o outro, sentimo-nos desrespeitados. E foi exatamente isso que aconteceu. Olhando para trás, consigo ver que poderia ter dito muito antes: "Esta discussão é muito importante para mim e a forma como está a acontecer neste momento não funciona. Prefiro tê-la noutra altura."

A NECESSIDADE DE EXPRIMIR LIMITES

Os nossos limites pessoais são uma espécie de quadro de referência para a forma como queremos viver e o que consideramos aceitável no nosso mapa-mundo. Os limites físicos, emocionais e mentais que estabelecemos mantêm-nos física e emocionalmente seguros e fazem-nos prosperar. Permitem-nos separar o que nós pensamos e sentimos do que os outros pensam e sentem. Ajudam-nos a exprimir os indivíduos únicos que somos, enquanto reconhecemos o mesmo no outro.

Quando estabeleço claramente os limites compreendo limpidamente o que, para mim, está e não está OK. Limites pessoais saudáveis permitem-nos ocupar o espaço que é nosso e assumir responsabilidade pelo mesmo. Se não os exprimirmos, as outras pessoas tendem a ocupar esse nosso espaço.

Os limites não existem apenas para deixarmos coisas de fora, mas também para sermos capazes de deixar o espaço "limpo" e aberto para que coisas boas nos aconteçam. Quando estabelecemos limites pessoais, preservamos a nossa integridade e assumimos a responsabilidade pela nossa Vida e por quem somos.

DEFINIR LIMITES PESSOAIS

Definir limites pessoais saudáveis e comunicá-los de forma *Mindful* e *Heartful* traz-nos muitos benefícios. Alguns deles são:
→ Uma autoestima forte;
→ A capacidade de nos vulnerabilizarmos sem medo;
→ Níveis altos de autocompaixão e compaixão;
→ Uma presença plena e a capacidade de observar sem julgamentos;
→ Uma comunicação boa e fluída;
→ Melhores relações;
→ A sensação de fluidez, tranquilidade e estabilidade na Vida.

PORQUE É DIFÍCIL DIZER ⇒ NÃO E ESTABELECER LIMITES? ⇐

Para muitos de nós, o tema dos limites pessoais é algo desafiante. Lutamos com ideias como: "Se disser *não*, ele não vai gostar de mim!", "Se disser *não* agora, perco uma boa oportunidade" e por aí fora. Muitos tendem a pensar que devem ser simpáticos, e parecem acreditar que as pessoas simpáticas não têm limites pessoais. Quando procuram estabelecer limites sentem-se mal e começam a duvidar das escolhas que fizeram. Acreditam que, por estabelecerem um limite, não estão a ser simpáticos.

Para estes, os limites pessoais estão pouco claros. Para eles e ainda menos para os outros. Não podemos esperar que os outros conheçam os nossos limites se não os comunicarmos, mas parece que, muitas vezes, é isso que esperamos.

Mas de onde vem essa sensação de que se estabelecermos um limite e o comunicarmos, o outro vai ficar chateado, não vai querer passar tempo connosco ou não vai gostar de nós? Bem, lembra-se do que acontecia quando comunicava os seus limites em criança? E se pensar na forma como se trata uma criança quando ela demonstra um limite, o que vê?

As crianças são excelentes a comunicar os limites. Até o fazem dentro da barriga da mãe, embora (ainda) não prestemos muita atenção a isso. Há já estudos que demonstram as diferentes reações do bebé aos estímulos exteriores quando ainda está dentro da barriga da mãe. Reações e sinais muitas vezes ignorados. Quando o bebé nasce, a forma mais óbvia que tem de exprimir os seus limites é pelo choro, mas também o faz de outras formas. O que acontece é que os pais e outros cuidadores, muitas vezes, não estão suficientemente atentos, presentes e *Mindful* para repararem nos sinais antes do choro. Mais tarde, quando a criança começa a falar, estas são das primeiras palavras que ouvimos: "Não quero!" Com o crescimento e a educação exercida pela sociedade, não ajudamos as crianças a desenvolverem a capacidade de colocar limites, de modo a serem claras, amorosas e respeitadoras, antes pelo contrário. Tendemos a julgar, castigar, e com as diferentes estratégias habituais de educação a nossa comunicação torna-se muito específica: "Os teus limites não interessam! Para eu gostar de ti, tens de abdicar deles!"

Somos treinados, desde a infância, para agradar os outros, e quando contrariamos esse comportamento condicionado sentimo-nos culpados e imaginamos uma série de consequências negativas que podem acontecer. No fundo, aquilo que nos ensinam, e que continuamos a ensinar aos nossos filhos, é mais ou menos o seguinte:

1. Deves fazer o que os outros querem e esperam de ti;
2. Deves estar atento aos problemas dos outros e esforçar-te para ajudar a resolvê-los;
3. Deves ser sempre simpático e não magoar os outros;
4. Deves colocar os outros em primeiro lugar;
5. Nunca deves dizer *não* a alguém que te pede ou exige algo;
6. Nunca deves desiludir os outros;
7. Deves estar sempre feliz e nunca revelar emoções negativas;
8. Não deves incomodar os outros com as tuas emoções e os teus problemas.

Não sei como é consigo, mas imagino que a situação seja parecida. Desde pequena que sinto necessidade de ser a menina "bem comportada". Era a minha forma de obter reconhecimento e ser vista. Não estava a mostrar a minha essência, mas, pelo menos, obtinha alguns elogios pelo meu comportamento. Na adolescência e nos primeiros anos na faculdade algo mudou. Estava extremamente farta de ser a "menina bonita". O cúmulo foi o momento que partilhei consigo no início deste capítulo. Ao mesmo tempo, em algumas áreas da minha Vida continuava a sentir grandes dificuldades em estabelecer limites, nomeadamente nas relações amorosas. Dizer claramente *não*, sem rodeios, quando era *não* que, na realidade, queria dizer ao rapaz de quem gostava, era um belo desafio. Porquê? Porque tinha medo que deixasse de gostar de mim. Porque tinha medo que me deixasse. Porque tinha medo de ficar sozinha se não agradasse o outro.

Em inglês isto tem um nome: *the disease to please* (algo como "a doença de querer agradar"). Muita gente sofre desta doença, muita mesmo. Eu própria, às vezes, ainda me deixo infetar por ela.

Parece que perdemos a capacidade de saber exatamente o que queremos. As nossas vontades e necessidades estão tão longe da nossa atenção que é impossível dar-lhes prioridade. Sem saber o que queremos, é impossível estabelecer um limite, é impossível dizer *não*.

Mas mesmo que isto seja um comportamento condicionado, não nos ajuda nada culpar os outros pela nossa *disease to please*. A doença tem origem no passado e é da nossa responsabilidade curarmo-nos dela.

Necessitamos de ferramentas que honrem quem somos, o que é importante para nós, e que nos permitam agir de acordo com os nossos valores, necessidades e intenções. Assumindo o nosso espaço e respeitando o espaço do outro. Este processo começa na infância, mas nunca é demasiado tarde para começar a (re)assumir a responsabilidade pelas suas necessidades, pelos seus limites e pelos seus *não*.

AS PESSOAS FAZEM O MELHOR QUE PODEM

Existe um pressuposto muito importante que se aprende quando se estuda Programação Neurolinguística: "Todas as pessoas fazem o melhor que podem com os recursos que têm disponíveis no momento." Para mim, esta conclusão tem sido absolutamente transformadora e falo muitas vezes dele. Quando operamos a partir deste pressuposto, acreditamos mesmo que toda a gente faz o seu melhor a cada momento. Pode parecer difícil ou estranho, mas sinto-me e relaciono-me melhor com a situação e a pessoa em questão se acreditar que ela está a fazer o seu melhor. Ter este pressuposto presente significa também que tenho de estar consciente dos meus limites. Não posso esperar que o outro os conheça se eu não lhos mostrar.

É muito difícil sermos compassivos quando alguém está a ultrapassar os nossos limites. Mas o outro só saberá que está a ultrapassá-los se verbalizarmos isso mesmo. Acreditar que o outro está a fazer o melhor que pode permite-me, por um lado, ser compassiva e, por outro, cuidar de mim e não permitir que me desrespeite. Demonstrar os meus limites permite-me manter alguma distância, não me envolvendo demasiado na situação e não criando grandes histórias à sua volta. Não sofro porque o outro não está a corresponder às minhas expectativas, não julgo o seu comportamento, limito-me a limitar.

→ O *NÃO* E A ACEITAÇÃO ←

Uma das atitudes de *Mindfulness* mais faladas é a aceitação, ainda que haja alguma confusão sobre o seu significado. A prática da aceitação não implica não-ação ou resignação, não quer dizer que não se pode estabelecer limites ou dizer *não*. Ser *Mindful* e *Heartful*, e praticar a aceitação, não significa que vou deixar que os outros me tratem de qualquer forma. Viver em amor, com o coração aberto, não o transforma numa pessoa sem limites pessoais, mas revela de forma transparente quem você realmente é. E nesse espaço onde consegue ser quem realmente é, não é fraco, é forte! Com estas práticas, torna-se mais paciente, simpático, compassivo e tolerante, e, simultaneamente, não perde a capacidade de dizer *não*! Viver com *Heartfulness* não significa que não pode estabelecer limites saudáveis ou responsabilizar o outro, pelo contrário. Conseguirá fazê-lo com mais facilidade e mais eficazmente quando parte de um sítio de amor, compaixão e respeito.

Viver com o coração e a mente abertos, aceitando estar no meio do fogo do Amor, faz com que aceitemos as pessoas como elas são, mas não quer dizer que devemos ou que temos de conviver com pessoas que não conseguem respeitar os nossos limites. Aceitar uma pessoa como ela é dá-nos permissão para continuar a nossa caminhada e deixar de tentar "arranjá-la", para que esteja de acordo com os nossos padrões. Esta aceitação, que nos convida a deixar partir a ilusão da perfeição, permite-nos praticar ainda mais a compaixão e a autocompaixão, entendendo melhor a imperfeição da Humanidade. Esta revelação permite-nos abrir para uma consciência ainda maior.

Assumir responsabilidade pelos nossos limites é um passo importante. O medo de ser julgado como agressivo ou chato pode surgir. Mas quando assume verdadeiramente a responsabilidade, com e em Amor, a energia é diferente. Assumir responsabilidade pelos meus limites, pelas minhas necessidades e pelos meus *não* significa falar na primeira pessoa e assumir também responsabilidade pelo meu comportamento e pelas minhas escolhas.

→ O NÃO MINDFUL E HEARTFUL ←

A principal palavra para estabelecer um limite é o *não*. Esta não é uma palavra feia e a evitar. Isso é um mito! Vamos refletir um pouco sobre os mitos à volta do *não* e algumas coisas a ter em mente quando iniciamos o nosso treino para dizer *não*.

1. *Não* é uma resposta cheia de amor. De amor-próprio e de amor pelo outro. Por vezes, somos difusos e não assumimos a responsabilidade por nós mesmos, dizendo *não*. A nossa voz interior encontra muitos motivos para não dizer *não*. Por termos pena do outro, com receio que se aborreça, com medo de sermos mal vistos. O *não* pode ser uma das respostas mais difíceis de dar. Requer compaixão, presença, coragem, respeito e honestidade.

2. *Não* vem com compaixão. Kristin Neff revela que na pesquisa que realizou as pessoas mais compassivas são também muito claras e honestas em relação aos seus limites. Sabem muito bem o que querem e o que não querem. O que estão e não estão dispostas a fazer.

3. Existem vários tipos de *não*. O terapeuta familiar Jesper Juul diz que existem os *não* pensados e os *não* espontâneos. Um *não* espontâneo não tem menos validade do que o *não* pensado, mas pode não ter uma grande explicação. Requer, então, muita honestidade da nossa parte. Em vez de inventarmos razões para justificar o *não*, mais vale sermos autênticos e dizermos mesmo que naquele momento não conseguimos explicar esse *não*.

4. Na ausência do *não* perdemos o *sim*. Tem de haver sempre espaço para o *não*. Só assim o nosso *sim* poderá ser verdadeiro, honesto e autêntico.

5. O *não* tem de ser seu! É pessoal e demonstra que assume responsabilidade por si. Não culpe o outro, procure conectar-se com ele e dar-se a conhecer. Ao dizer *não*, está a vulnerabilizar-se.

6. *Não* pode não ser a palavra final. Um *não* com amor e compaixão pode ser uma porta para uma conversa mais profunda, uma oportunidade para uma maior conexão e de ficar a conhecer melhor o outro.

7. Nunca peça desculpa pelo *não*, mas agradeça ao outro por lhe permitir dizer *não*!

A arte de dizer *não* assenta na capacidade e vontade de se vulnerabilizar e de dizer *sim* a si próprio, com autocompaixão e com a consciência tranquila. Assuma os seus *não*. Comece por dizer *sim* a si mesmo, vulnerabilize-se e pratique a autocompaixão, algo que irá afastar as sensações de culpa, a voz do crítico interior e o medo de ser julgado ou afastado.

COMO ESTABELECER LIMITES PESSOAIS DE UMA ⇒ FORMA *MINDFUL* E *HEARTFUL* ⇐

Em primeiro lugar, acredite piamente que tem o direito de ter limites pessoais. Se tem a crença de que não deve exprimir os limites pessoais, lembre-se de que isso advém da forma como foi educado. É hora de desinstalar o programar e de instalar um novo!

Aliás, não só tem direito aos limites, como tem de assumir a responsabilidade pela maneira como reage em relação à forma como os outros o tratam. No início pode ser desafiante mas, com a prática, já sabe que chega lá. Sem limites pessoais, identificamo-nos demasiado com o valor que os outros nos dão ou não. Ou seja, o estabelecimento de limites pessoais é mais um processo no desenvolvimento da autoestima.

Reconheça mesmo que as necessidades e as emoções dos outros não são mais importantes do que as suas. Nem as dos seus filhos, pais ou companheiro/companheira. Têm exatamente o mesmo valor. Se alguém numa família está mental, emocional e fisicamente cansado por estar sempre a colocar-se em último lugar, não está apenas a pôr a sua saúde em causa como também está a assumir uma responsabilidade que não é dele, mas de cada indivíduo na família. Viver numa família implica contribuir para o todo, enquanto cada um também cuida de si próprio, e é da responsabilidade dos adultos fazerem ver isto às crianças.

Tudo o que já aprendeu neste livro vai ajudá-lo neste processo fulcral. Para que fique completamente esclarecido, quero partilhar consigo três coisas que, para mim, têm sido fundamentais neste treino:

OS SEUS LIMITES PESSOAIS

1. Diga *sim* a si próprio! Se um *sim* ao outro é um *não* a si, então reconsidere a resposta! Como já referi, muitas pessoas sofrem da doença de querer agradar. Não querem ser egocêntricas e colocam as necessidades dos outros em primeiro lugar. Até podem aceitar fazer coisas que não lhes fazem bem. Não é propriamente uma questão de egocentrismo, mas de amor-próprio.

2. Observe e identifique comportamentos e atitudes com os quais não quer conviver e que estão em conflito com os seus valores. Deixe os outros saberem quando estão a ultrapassar os seus limites ou quando se sente desrespeitado. Quando precisar de espaço emocional e físico exprima isso mesmo! Desligue-se da pressão dos outros, seja quem é e saiba que ações quer ter quando alguém não aceita os seus *não*.

3. Ouça-se e confie em si. Só você pode saber o que necessita, deseja, acha, sente e valoriza. Assegure-se de que as suas escolhas são mesmo suas. Por vezes pode ser confortável deixar o outro escolher por nós. Se a escolha for sobre o sabor do gelado a comer é uma coisa, mas se for sobre ficar ou não numa relação é outra.

OS SEUS VALORES
→ DEFINEM OS SEUS LIMITES ←

Um dos grandes desafios neste processo é saber especificamente quais os limites a estabelecer. O processo de definir limites não passa muito por um esforço mental de causa e efeito, passa antes por uma conexão com os valores que estão guardados no coração, tal como no processo de definição das intenções. Se o amor for um valor importante para si, quando não há amor, chegou a um limite. Se ao perguntar "sinto aqui amor?", a resposta for "não", então sabe que está na hora de comunicar o seu limite.

Para saber quais são os seus valores e, consequentemente, perceber os seus limites, pode fazer as seguintes perguntas:

→ O que necessito para me sentir seguro?

→ Quando defendo outra pessoa, o que defendo (o que foi violado)? (Pode ser ativamente ou apenas na imaginação, pois muitas vezes podemos não ter a coragem de agir.)

→ O que está presente quando me sinto feliz e a prosperar?

OS LIMITES
→ DEVEM SER CONGRUENTES ←

O limite que sente hoje pode não ser o limite que sentirá amanhã. Além disso, é importante referir que pode ter limites diferentes em relação a pessoas diferentes. Tem, obviamente, limites relativamente ao seu chefe que não tem em relação ao seu companheiro ou companheira. Se o seu ou a sua chefe lhe tocar pode sentir-se desrespeitado/a e abusado/a, se o seu companheiro/companheira fizer o mesmo pode ficar excitado/a. Os limites não são consistentes e estáticos. Falo muitas vezes desta dinâmica quando dou formação sobre Parentalidade Consciente. Por alguma razão, continua a falar-se de limites consistentes e coerentes na educação das crianças quando o que se deveria falar, na realidade, é de limites congruentes. Sermos congruentes é termos o comportamento e a comunicação completamente alinhados com o nosso interior. Sinto o que digo e faço o que sinto e digo. Só porque hoje digo que sim às relações sexuais com o meu parceiro, não significa que amanhã também devo dizer que sim, se isso não me apetecer. Quando a comunicação dos meus limites e dos meus *não* é congruente, a mensagem que passo ao outro é realmente poderosa. Explico bem esta diferença no meu livro anterior, *Educar com Mindfulness*.

Se não acredito que tenho o direito de dizer *não*, ou se não acredito no meu próprio *não*, este perde poder. Podemos trabalhar a força do nosso *não* através do *Heartfulness* e da congruência. Isso não é, de todo, uma questão de culpabilizar, por exemplo, vítimas de violação, cujo *não* nem sempre é respeitado. Obviamente que o *não* deve ser sempre respeitado do outro lado, independentemente da congruência!

⇒ COMO DIZER *NÃO* ⇐

Mas então, o que se faz, na prática, para dizer estes *não* que tanto esquecemos no dia a dia? Como vimos atrás, os limites pessoais estão relacionados com o que está bem ou não para si. Tem que ver com a sua disponibilidade, ou não, de assumir a responsabilidade por certas coisas numa relação. A força do limite pessoal relaciona-se com o quão consciente, congruente e esclarecido está, e com a sua capacidade de exprimir isso.

Ensino frequentemente este processo aos pais, mas passa-se exatamente o mesmo em todas as relações. Quando estabeleço um limite de uma forma *Mindful* e *Heartful*, utilizo uma estrutura que pode ser resumida da seguinte forma:

"Eu vejo-te! Eu preocupo-me contigo! E este é o meu limite!"

Ou seja, assumo a responsabilidade pelas minhas necessidades através de *sim* e *não* claros, enquanto procuro conectar-me com o outro, sem querer resolver a sua situação. Reconheço a pessoa e o facto de ela adicionar valor à minha Vida, ao mesmo tempo que mostro que há um limite.

Existem cursos de comunicação onde podemos aprender a exprimir os nossos limites de uma forma empática, compassiva e não violenta. Mas o que tenho vindo a descobrir é que o processo, na realidade, pode ser bastante simples quando estou em contacto comigo mesma, sem as interrupções das minhas crenças e pensamentos. Para saber especificamente o que dizer, pode parar, respirar de uma forma *Mindful* e fazer algumas perguntas:

→ O que faria o amor/o respeito/a honestidade (ou outro valor que tenha) nesta situação?

→ O que faria X nesta situação? (X pode ser uma pessoa que admire ou pode ser você mesmo, com a confiança adequada para lidar com a situação.)

→ Como posso exprimir o meu limite mostrando que vejo a outra pessoa, que quero conectar-me com ela e conhecê-la melhor? (Estamos aqui a falar de relações onde existe esta vontade e intenção.)

É essencial, ao comunicar, a utilização de uma linguagem pessoal, falar na primeira pessoa, sobre si em primeiro lugar e não tanto sobre o outro. Exprimir o seu limite sem julgar o comportamento do outro.

Vou partilhar um episódio que aconteceu comigo enquanto estava a escrever este livro.

Estava nos últimos dias de escrita. O meu companheiro de Vida (que é o que gosto de chamar ao meu marido) liga-me a meio do processo de escrita. Muito entusiasmado, conta-me que arranjou *babysitting* para a noite seguinte e convida-me para sairmos juntos. Reparo na sensação de desconforto e *stress* a espalhar-se pelo meu corpo. Sinto que preciso de mais tempo para identificar as minhas necessidades nesta situação (responsabilizo-me pelas minhas necessidades).

Ofereci um *não* e um *sim* claros ao Pedro:

"Pedro, não vou responder agora (um *não* claro). Sinto-me pressionada com o livro. Digo-te alguma coisa quando voltares à noite (um *sim* claro)."

Invisto num momento *Mindful* e observo o que se passa em mim nesse momento. Os meus pensamentos, emoções e necessidades. Penso que há muito tempo que não saímos à noite e que o Pedro tem dito que sente saudades minhas. Reparo num pensamento que me diz que deveria cuidar melhor da relação com o meu marido. E observo sensações de culpa, obrigação e medo. Ao mesmo tempo, penso que não quero conectar-me com o meu marido através da culpa, da obrigação e do medo. O que me está a impedir, nesse momento, de me conectar com ele de uma forma natural?

A necessidade de controlo e segurança em relação ao livro está eminente. Faltam poucos dias e surge a necessidade de me focar totalmente na escrita. Sair à noite com o Pedro seria certamente maravilhoso e resultaria em deitar-me tarde. Retirar-me-ia muito tempo de escrita, fazendo-me sentir mais pressionada. Com esta clareza surgem mais sensações de culpa e autojulgamentos. *Não faz qualquer sentido estar a escrever um livro destes e sentir-me stressada; O Pedro merece mesmo que saia com ele.*

É óbvio que a necessidade principal do Pedro é a conexão, mas, naquele momento, não estou a conseguir oferecer-lhe isso da forma que deseja. Se eu disser *sim* à necessidade dele, digo *não* às minhas necessidades. Será que há uma forma de nos conectarmos e de me sentir mais calma com o tempo que resta com o livro?

Quando o Pedro chega a casa, digo-lhe: "O que achas de aceitarmos o *babysitting* para amanhã, mas ficamos os dois em casa. Pedimos uma refeição *takeaway* e vemos um filme no Netflix? Assim fico mais tranquila e, ao mesmo tempo, vai ser muito bom conectar-me contigo."

Felizmente, o Pedro aceitou a minha proposta. Mas poderia não ter aceitado. Poderia ter dito: "Estás sempre a trabalhar nesse livro e eu tenho saudades tuas! Temos uma oportunidade de sair e tu não queres! Esse livro é mais importante do que eu e a nossa relação!"

Numa situação destas, é muito tentador colocarmo-nos à defesa, tornarmo-nos vítimas e julgarmos o outro. É muito importante mantermo-nos centrados e conectados com o coração, sem assumirmos a responsabilidade pelas necessidades e emoções do outro. Uma resposta poderia ser: "Parece-me que te sentes pouco valorizado neste momento. É difícil para ti ouvir que quero focar-me no livro neste momento, não é?"

Procurando adivinhar as emoções e necessidades que estão presentes no outro, procurando ver o mundo através do seu coração, mantemo-nos no caminho compassivo. Deste modo, mantém-se conectado com o coração e mostra claramente que não vai ser abalado pelas ondas de culpa, expectativas, exigências e críticas. Nesta dança entre a autocompaixão e a compaixão pelo outro, existe uma grande probabilidade que o outro consiga reconhecer os seus limites e necessidades, enquanto também se conecta com os seus.

⇒ QUANDO DIZER *NÃO* ⇐

Só porque não temos vontade de fazer algo, não significa que devemos dizer sempre *não*. O *não* essencial vem do coração, é congruente e surge quando existe um risco de algo profundo em nós ser violado. No outro dia, os meus filhos queriam ir à praia comer um gelado. Era hora do lanche e eu estava muito cansada, não me apetecia ir à praia, mas apetecia-me estar com os meus filhos e conectar-me com eles. Poderia ter proposto fazermos algo em casa, mas vi que estavam tão entusiasmados com a ida à praia que lá fomos. Este *sim* aos meus filhos não implicou um *não* a mim. Implicou que não estava a agir a 100% de acordo com a minha vontade, mas sabia que não me iria arrepender.

Existem momentos em que dizemos *sim* porque sentimos que causa desconforto dizer *não*, mas, mais tarde, arrependemo-nos muito de termos dado uma resposta positiva. Há tempos ouvi Brené Brown a falar sobre o seu "mantra de limites": "Prefere o desconforto ao arrependimento."

Adotei este mantra e, naqueles momentos em que é desconfortável dizer *não*, por medo da reação do outro, procuro escolher o desconforto, quando sei que me vou arrepender de ter dito *sim*. É mesmo importante escolher esse desconforto. Também tenho aprendido que quando escolho comunicar os meus limites e a minha comunicação não é bem recebida, resultando numa rutura, é porque é mesmo melhor assim.

A religião valoriza muito a generosidade, mas o budismo refere que não devemos oferecer algo que, mais tarde, nos faça sentir arrependimento ou tristeza. Olhe para os seus *sim* e *não* como presentes que pode oferecer aos outros. Claro que é bom podermos dizer *sim*, mas se existe uma grande probabilidade de, depois, se sentir cansado e/ou arrependido, então não vale mesmo a pena. Avalie bem as suas capacidades, tenha em mente os seus valores e estabeleça os seus limites, tendo tudo em consideração.

E lembre-se da máxima: É melhor sentir desconforto do que arrependimento.

MOMENTO HEARTFUL

Sente-se ou deite-se, respire de forma *Mindful* e coloque as mãos no coração. Faça a seguinte questão:
Quando digo *sim*, e quero dizer *não*, que limites tenho de exprimir e que me levariam a sentir melhor se os exprimisse?

CONVIDO-O AGORA A FAZER A **MEDITAÇÃO DOS LIMITES PESSOAIS**, DISPONÍVEL NA APP MIAFULNESS E EM
WWW.PORTOEDITORA.PT/MIAFULNESS

→ Pinte a mandala da página seguinte com atenção plena e com o coração aberto. E, no final, se preferir, recorte-a e guarde-a num sítio que o faça feliz.

DORMIR, COMER, TREINAR

"**Quando dança, todo o Universo dança.**"
Rumi

Cerca de dois anos após o nascimento do meu terceiro filho, comecei a questionar a Vida que tinha. Percebi que havia muito de mim que estava perdido ou descuidado. Onde estava a Mia que não era a mãe e a companheira? Tinha défice de sono, de exercício e de nutrição... O papel de gestora do projeto Família tinha assumido total controlo da minha Vida. Era uma logística constante de ter o frigorífico cheio, planear as refeições, assegurar as rotinas das crianças, coordenar as tarefas da empregada e pensar em todas as coisas que envolvem uma Vida em família. Sentia-me muito sozinha no topo desta hierarquia familiar, que não existia bem por imposição, mas por eu ter assumido toda a responsabilidade. Na realidade, sem necessidade.

Por esta altura, experienciava alguns desafios na relação com o meu companheiro de Vida. Um dia, sentei-o à minha frente e expliquei-lhe que eu tinha de mudar de prioridades. Que precisava de voltar ao topo da minha própria lista. Só assim poderia contribuir saudavelmente para a nossa Vida em família. É impossível tirarmos água de um poço seco. E decidi: "Vou um mês para a Índia."

Senti-me culpada por deixar as crianças com o pai durante tanto tempo, especialmente o mais pequeno, mas sabia que era algo que tinha mesmo de fazer. E o meu marido só disse: "OK. Não te preocupes. Eu asseguro tudo aqui." Foi uma sensação estranha receber um OK. Por alguma razão, pensava que ele se ia impor mais. A parte de mim que sentia culpa e medo estava à espera de utilizar a reação do meu marido como uma desculpa para não ir. Mas não. Em vez disso, recebi um incentivo e muito amor.

Mas este cuidar de nós mesmos não implica necessariamente fazer uma viagem ou uma situação aparentemente dramática. Embora sirva de uma alavanca fantástica, a verdade é que podemos assumir responsabilidade e começar a cuidar de nós a qualquer momento. Quando voltei da Índia, continuei a assumir responsabilidade por mim, assegurei-me de que praticava ioga várias vezes por semana e comecei a comer de uma forma mais consciente. Cuidar de nós mesmos pode ser sinónimo de um passeio sozinho durante 30 minutos, uma aula de ioga ou de zumba, tomar um banho de imersão de vez em quando, reservar cinco minutos por dia para focar a respiração ou estar uma hora sozinho em casa. Não há regras e só você sabe o que necessita!

⇒ CUIDAR ⇐

Mindfulness e *Heartfulness* têm tudo que ver com cuidado pessoal. Com cuidar de si e das suas necessidades emocionais. Temos estado a abordar várias formas que promovem esse cuidado interior. Quando mentalmente criamos mais espaço para nós, sentimo-nos melhor. O que tenho vindo a experienciar é que também é necessário criar espaço para um cuidado mais prático. Vejo, por exemplo, muitas mães a descuidarem a mulher que há nelas. Tanto mental como fisicamente. Não fazem exercício físico, não comem de uma forma saudável, não dormem o suficiente e não criam espaço para se divertirem. Para podermos ser a melhor versão de nós próprios, temos de nos recarregar emocional, física, espiritual e mentalmente. Os estudos demonstram que quem faz exercício regularmente, come bem, dorme o suficiente e tem uma Vida profissional e pessoal satisfatória sofre menos depressões, sente-se menos ansioso e tem menos doenças. Na realidade, não precisamos de saber que há estudos que comprovam isto, pois não? É bastante óbvio!

⇉ ENCHA O SEU POÇO DE ÁGUA ⇇

Julgar que tem de cuidar primeiro de todos os outros e colocar-se em último lugar é uma má estratégia e uma maneira de se desresponsabilizar. Cuidar de si significa assumir responsabilidade pela sua Vida. Vejo muitas mulheres que utilizam a crença de que os filhos e a família vêm primeiro como uma desculpa para não cuidarem delas próprias. Porque cuidarmos de nós requer algum esforço, algum investimento. Não só físico e temporal, mas também emocional. E essa parte emocional, muitas vezes, é a mais desafiante. Bastantes mulheres, principalmente as mães, têm uma grande dificuldade em se permitirem ter tempo só para elas. Temos de lidar com a culpa e com as crenças de que não somos mães suficientemente boas se, primeiro, fizermos coisas por nós, que somos más profissionais se, todos os dias, não trabalharmos aquelas horas extra… E isto passa-se também com muitos homens. Como deve imaginar, estas crenças foram programadas na nossa infância pela forma como fomos educadas. Por isso, uma parte fulcral neste processo de cuidado pessoal é fazer uma espécie de desprogramação e carregar um novo programa que informa que você merece todo o cuidado do mundo. Todas as práticas já sugeridas neste livro vão ajudá-lo nesse sentido.

Por vezes fala-se do impacto da Lei do Dar e Receber. [8] Essa lei defende que dar é, no fundo, a mesma coisa que receber. Dar e receber são apenas aspetos diferentes do fluir da energia do universo. Mantemo-nos nesse *flow* fazendo as duas coisas, num constante receber e dar. Sentindo gratidão tanto por poder dar como por poder receber, sabendo que uma

---

9. Descrito, por exemplo, no livro *As 7 Leis Espirituais do Sucesso* de Deepak Chopra.

coisa não pode existir sem a outra. O poço de água tem, obrigatoriamente, de receber para poder dar.

Quando estamos sobrecarregados não temos energia e perdemos o foco. Não conseguimos tomar decisões com a devida clareza. Resolver problemas e desafios torna-se muito mais difícil, tanto mental como emocionalmente. Quando cuidamos de nós ganhamos força para aparecer para a Vida como ela é, cheios de recursos. Somos modelos a seguir pelos nossos filhos e pelos que nos rodeiam. A nossa autoestima beneficia e, com isso, todos à nossa volta beneficiam. Quando cuida bem de si tem água fresca e limpa a correr para o seu poço, numa corrente constante. Vai poder dar de beber abundantemente aos outros a partir dessa água revitalizante.

> "Ame-se em primeiro lugar e tudo o resto acontece.
> Precisa mesmo de se amar primeiro para conseguir
> algo neste mundo."
> *Lucille Ball*

ASSUMA O
CONTROLO DO SEU CAVALO

É muito fácil deixarmo-nos apanhar pelas correntes fortes da Vida. Embora acredite que a Vida tem um fluir que vale mesmo a pena seguir, também é importante que o nosso fluir seja consciente e com intenção. E não temos de apanhar qualquer corrente. Existe uma pequena história *zen* de que gosto muito:

"De repente, apareceu no caminho um cavalo a galopar velozmente. Parecia que quem o cavalgava tinha uma missão importante e urgente a cumprir. Um homem que passava por esse caminho gritou-lhe: 'Onde vai?' E o cavaleiro respondeu: 'Não sei, pergunte ao cavalo.'"

O cavalo representa a energia do hábito, uma energia inconsciente e condicionada. A história mostra-nos como muitas pessoas vivem a Vida no papel de vítimas de crenças e hábitos, condicionadas pelo ambiente e pela atividade pouco *Mindful*. O cavalo leva-nos com ele, corre e corre, e nós não sabemos para onde nem porquê. Mas este cavalo não chega propriamente a lado algum. Por vezes, para, exausto, para comer qualquer coisa e volta novamente a correr. Podemos fazer uma escolha diferente. Podemos, com gentileza, assumir o controlo do cavalo, segurar suavemente nas rédeas e direcioná-lo com coração e intenção. Gerindo o esforço do cavalo e nutrindo-o bem, ele não só vai poder chegar muito mais longe, como usufruir do caminho.

Para muitas das mulheres que me procuram para acompanhamento e *coaching*, o cuidado pessoal é um conceito muito distante. Os cuidadores sentem, muitas vezes, uma enorme dificuldade em colocar as necessidades dos outros de lado e em direcionar-se na sua própria vitalidade e bem-estar. Estão focados em nutrir e cuidar dos filhos, dos pais, dos irmãos, do companheiro, dos colaboradores. Andamos no nosso cavalo de um lado para o outro, como loucos. Quebramos a lei de dar e receber, e os desafios começam.

"**Por vezes, a coisa mais importante de um dia inteiro é aquela pausa que fazemos entre duas respirações profundas.**"
Etty Hillesum

A PRINCIPAL
⇒ RELAÇÃO É CONSIGO ⇐

Certo dia, uma mãe veio ter comigo porque precisava de ajuda com o comportamento do filho. Estava desesperada. Contava como o filho desafiava tudo e fazia birra atrás de birra. Que se recusava a fazer qualquer coisa que a mãe pedisse. Que a palavra mais utilizada pelo filho era "não" e que, às vezes, lhe chamava nomes muito feios. Nada funcionava. A mãe já tinha aplicado castigos elaborados, consequências conscientes e não conscientes (pode saber mais sobre estes temas no meu livro anterior: *Educar com Mindfulness*), até dado uma palmada. Mas nada. "Nada funciona!", dizia-me com as lágrimas nos olhos. "Já não sei o que fazer!" Como não era a primeira vez que me deparava com um caso destes, e acredito que também não foi a última, olhei para a mãe com muito carinho e disse: "E a Sofia? O que é que a Sofia tem feito por si ultimamente?"

Com vários anos de experiência a trabalhar com mães e mulheres, tenho vindo a observar um padrão muito típico. As mães que menos cuidam delas próprias parecem ter os filhos mais desafiantes. É como se o comportamento dos filhos fosse uma forma de ajudar as mães a acordarem. A obrigá-las a olhar para a Vida de uma forma diferente, com o coração, em vez da mente.

A Sofia revelou que há anos que não fazia exercício físico. Que tinha vontade de perder alguns quilos, mas que não tinha tempo para pensar em dietas. Que só conseguia dormir seis horas por noite e sabia que não eram suficientes. Que se sentia muito sozinha na gestão da Vida familiar. Que tinha saudades de estar com as amigas e que não queria continuar apenas a contactá-las através do Facebook. A Sofia estava a precisar urgentemente de assumir controlo sobre o seu cavalo, de levar água para o seu poço.

Como faço habitualmente nestes casos, convidei a Sofia a esquecer-se por algum tempo do comportamento do filho e a focar-se no seu próprio comportamento. Na Vida da Sofia, e não na da mãe, companheira ou colaboradora. Na Sofia, só. Explorámos o *Mindfulness* e o *Heartfulness*, a autocompaixão e a vulnerabilidade, e a principal intenção era a autoestima e o bem-estar dela. A Sofia saiu do meu lado com um plano, reflexões e indicações muito diferentes daquelas que tinha imaginado.

Quando finalmente a Sofia se permitiu ser uma prioridade, tudo mudou, incluindo o comportamento do filho. A Sofia relatava: "Na prática, estou a fazer basicamente as mesmas coisas que fazia antes. Só que a minha parentalidade consciente agora é mesmo consciente. Quando comunico com o meu filho, estou mesmo presente e disponível. Estou de coração aberto e vejo tudo com mais clareza. O meu estado é de aceitação e já não de resistência. Sinto-me bem. E o meu filho está a responder e a colaborar. Ainda tenho desafios, mas sinto-me preparada para eles."

Imagine se o nosso trabalho se tivesse focado apenas no comportamento do filho. A carga da Sofia teria sido ainda maior e ela sentir-se-ia mais perdida.

A principal relação é sempre consigo. É nessa relação que vai buscar força para as outras relações. Essa força advém, essencialmente, de três aspetos: dormir o suficiente, fazer exercício físico e comer de forma saudável. Além da prática de *Mindfulness* e *Heartfulness* e de todos os conceitos que lhe apresentei até aqui.

⇉ A LIGAÇÃO CORPO-MENTE ⇇

Todo o investimento que fizer na prática de *Mindfulness* e *Heartfulness*, como referi, vai ajudá-lo a sentir-se inteiro e, se o seu corpo for capaz de "sustentar" essa transformação, mais fácil, natural e fluída ela será. Penso que, hoje em dia, ninguém questiona a ligação corpo-mente; sabemos que fatores emocionais, mentais, sociais, espirituais e comportamentais influenciam a nossa saúde. Por vezes, agimos como se fosse uma ideia revolucionária, quando, na verdade, há milhares de anos que é referenciada, e à qual só muito recentemente deixou de se dar tanta importância. Até ao século XIX, era habitual os médicos receitarem descanso nas termas, porque se acreditava que o estado emocional estava ligado à saúde. Depois, fizeram-se novas descobertas em relação a bactérias e toxinas e desenvolveram-se tratamentos em forma de antibióticos e outros medicamentos.

Sabemos, atualmente, que os nossos pensamentos, emoções, crenças e atitudes podem afetar o nosso funcionamento biológico. Ou seja, a mente pode influenciar a saúde do corpo. E isso é uma das razões por que promovo tanto a prática de *Mindfulness* e todos os outros conceitos já explorados neste livro.

Por outro lado, o que fazemos com o nosso corpo físico também conta. O que comemos, os exercícios que fazemos e até a nossa postura física têm impacto no nosso estado emocional. E esse impacto pode ser positivo ou negativo.

⇒ O SORRISO ⇐

Pense na sua postura quando está triste. Como ficam os seus ombros? Os braços? Quais as expressões no rosto? E como é a sua postura quando está feliz e alegre? O corpo envia permanentemente sinais para o cérebro, que resultam em emoções e na produção de hormonas e outras substâncias. Os estudos demonstram que fazer uma expressão facial pode produzir a emoção associada a essa expressão, observando-se alterações no sistema nervoso apenas pela mudança de expressão. Ou seja, você pode influenciar o seu estado emocional quando quiser, apenas com uma mudança de postura ou expressão facial. Pode experimentar agora mesmo!

A relação entre o corpo e a mente é um sistema complexo. Um especialista nesta área, Dr. James Gordon, alega que são inseparáveis: "O cérebro e o sistema nervoso periférico, os sistemas endócrino e imunológico e, na verdade, todos os órgãos do corpo e todas as nossas respostas emocionais, partilham uma linguagem química comum e estão em permanente comunicação entre eles."

> "Um pequeno sorriso nos seus lábios ativa a sua consciência e acalma-o, como por milagre... O seu sorriso traz felicidade a si e aos que o rodeiam."
> *Thich Nhat Hanh*

Se olhar para uma estátua de Buda verá que ele está a sorrir. Um pequeno sorriso. Este sorriso é apelidado pelos budistas de meio sorriso. Sorrir é um ótimo remédio quando nos sentimos em baixo e isso tem uma explicação fisiológica. Envia mensagens positivas ao cérebro e relaxa os músculos da face, fazendo com que o corpo também relaxe. O meio sorriso estimula emoções positivas, mesmo quando nos sentimos tristes e não nos apetece sorrir.

A LIGAÇÃO
CORPO-MENTE-CORAÇÃO

Mas parece que não há apenas uma ligação corpo-mente. Há mais uma ligação essencial que está sempre presente.

Jesus perguntava aos discípulos se não sabiam que os seus corpos eram o templo do Espírito Santo e, na *Bíblia*, existem várias referências ao corpo como um templo. No Islão acredita-se que Deus designou a alma humana como vice-gerente no mundo. Para que a alma pudesse cumprir as suas responsabilidades, Deus ofereceu-lhe uma excelente estrutura física: o corpo. O único objetivo do corpo é, portanto, permitir à alma o cumprimento dessas responsabilidades. O corpo é como uma oficina e a alma cresce e desenvolve-se através dessa oficina. De acordo com o sufismo, a linhagem mística do Islão, o corpo físico é um reflexo do corpo espiritual.

No hinduísmo encontramos uma ideia praticamente igual. Os templos hindus são, muitas vezes, construídos para representar o corpo humano.

Deham, a palavra em sânscrito mais utilizada para o corpo, é composta por *de*, que significa proteger, e *ham*, que significa o Eu. Assim, o significado da palavra *Deham* é "aquilo que protege o Eu".

Portanto, além do corpo e da mente temos algo que consegue observar a ligação entre ambos, a que podemos chamar alma, espírito, Eu. Ou coração. E para que você consiga abrir o coração e viver de acordo com a sua intenção, precisa de cuidar tanto da mente como do corpo.

O SONO COMO
⇒ PRÁTICA ESPIRITUAL ⇐

"O sono é a melhor meditação."
Dalai Lama

Experimente fazer alguma coisa com sono e veja como é desafiante. Praticar *Mindfulness* e *Heartfulness*. Definir as intenções. A vulnerabilização, a autocompaixão...

O Dalai Lama falou-nos a respeito do sono, da espiritualidade e da ciência quando recebeu o Prémio Templeton por apoiar a interação entre ciência e religião. Disse que precisamos tanto de dormir como de praticar a autocompaixão. Se não se amar, não se oferecerá horas de sono suficientes. Caso se ame, dormirá o que necessita. Uma das principais coisas a oferecer-lhe são horas de sono.

A Society for Women's Health Research, uma entidade norte-americana com sede em Washington, constatou que as mulheres têm 1,4 vezes mais probabilidade de sofrer de insónia do que os homens e, por norma, as mulheres apresentam um défice maior de horas de sono. Podemos especular sobre os porquês deste fenómeno.

Existem várias razões para não damos prioridade ao sono. Temos tantos afazeres que não temos tempo para dormir: trabalhar, cuidar da casa, dos filhos, sair à noite, fazer exercício, meditar, etc. Algumas pessoas treinam mesmo para conseguirem aguentar o dia com poucas horas de sono, acreditando assim que vão conseguir fazer mais. Parece que existe a crença de que é melhor conseguir estar bem com apenas seis horas de sono do que precisar de nove. Vivemos numa cultura que não dá priori-dade ao sono, o que é muito interessante considerando que, quanto menos dormimos, mais hormonas inflamatórias o corpo produz. Será mesmo verdade que quem dorme pouco vive mais e melhor a Vida?

Ao darmos tanta importância ao estado ativo e acordado acabamos por perder a conexão sagrada com um momento onde estamos, de forma natural, num estado de paz e serenidade. Olhamos para o sono unica-mente como uma forma de recarregar, para que seja possível fazer mais e estar mais desperto. Como se fosse um mal necessário. Podemos ver o sono como algo mais do que a satisfação de uma necessidade física que todos temos. Podemos abraçá-lo enquanto parte da nossa Vida, uma parte que tem valor por si só.

Em todas as práticas presenciais de *Mindfulness* que promovo há sem-pre alguém que adormece. Eu própria já adormeci muitas vezes a meditar. Uma vez adormeci a meditar num retiro de silêncio. As meditações eram longas e os participantes ficavam sentados muito próximos uns dos ou-tros. Acordei quando bati contra o senhor que estava sentado ao meu lado esquerdo. Será que precisava mais de meditar ou de dormir?

Sem ter o sono em dia, é muito mais difícil treinar o músculo do *Mindfulness* (ou qualquer outro músculo). Sem ter o sono em dia, é quase impossível meditar mais do que 10 minutos. Há quem procure substituir o sono por meditação, já que se defende que a meditação profunda du-rante 20 minutos equivale a várias horas de sono (o número de horas não é consensual). Eu acredito que é possível fazer essa substituição, mas é tremendamente difícil de a fazer quando se começa já com um défice de sono, simplesmente porque a probabilidade de adormecer enquanto me-ditamos é enorme.

→ A POSTURA DA PAZ ←

Não é por acaso que uma das posturas mais importantes no ioga é a *Savasana*. O meu filho mais novo, certa vez, exclamou: "Vou fazer a postura mais difícil do Ioga!" Deitou-se no chão a fazer *Savasana*. E há quem diga isso mesmo, que essa é a postura mais difícil de todas. As aulas de ioga podem incluir várias posturas diferentes, mas todas terminam com a *Savasana*, literalmente a "postura do cadáver". Uma posição onde estamos deitados no chão, de barriga para cima, com as pernas e os braços um pouco afastados. A intenção durante esta postura é a de sentir e observar o corpo a descansar. O Ramanaji, o nosso professor de ioga durante o retiro anual para mulheres na Índia, chama a esta postura *Shanti Asana*, a "postura da Paz". Ele também diz que é uma das posturas mais poderosas no ioga e que 10 minutos bem feitos de *Shanti Asana* equivalem a quatro horas de sono.

Shanti Asana ensina-nos a importância do descanso, a entregarmo-nos e a honrarmos esse momento tão essencial. Até podemos ver a aula de ioga como uma preparação para esse momento sagrado. Tal como nos podemos preparar gradualmente para o nosso sono durante o dia. Se olhar para o dia como uma preparação para o sono, em vez de para o sono como uma obrigação para aguentar o dia, o que observa?

Vivemos num tempo em que existe imensa informação. E em que temos luz à hora que quisermos. Antigamente, quando a noite caía, dormia-se. E com o desaparecimento da luz, começa a produção da melatonina, a hormona que nos ajuda a dormir. Hoje em dia, muitas pessoas têm um consumo excessivo tanto de informação como de luz. Essa combinação enche o corpo com uma quantidade de energia enorme para processar. Adicionando todos os acontecimentos do dia, a velocidade e o *stress* com que muitas pessoas vivem, temos um *cocktail* perfeito para um sono de pouca qualidade.

Quando o corpo não tem a oportunidade de descansar com sono de boa qualidade, não consegue tratar de todos os processos fisiológicos necessários para nos libertarmos das toxinas (provenientes do ar, da comida, dos *media*, das pessoas, dos pensamentos e das emoções) e regularmos o nosso sistema.

A minha intenção nesta parte do livro não é ensiná-lo a dormir bem. É, sobretudo, alertá-lo para a importância do sono em todo este processo. O sono realmente nutritivo prepara-se durante o dia. Todos os momentos *Mindful* que vivenciar durante o dia vão contribuir para um bom sono. Além disso, fazer ioga, sentir tranquilidade, tomar um banho quente ou ter sexo são coisas boas a fazer antes de deitar, e que contribuem para um bom sono. Tal como dormir acompanhado. Se, por outro lado, estiver agitado, a mexer no telefone ou a ver televisão pouco antes de adormecer, vai dormir pior.

EXERCÍCIO FÍSICO
→ MINDFUL ←

"Aqueles que julgam que não têm tempo para praticar exercício físico, mais cedo ou mais tarde terão de arranjar tempo para a doença."
Edward Stanley

Como se sente quando faz exercício físico? Bem, imagino! Neste momento, o *Mindfulness* está na moda e recomenda-se como uma espécie de complemento e prática para nos sentirmos melhor. Atualmente, procura-se mais do que nunca combater o stress e a ansiedade, e existem programas específicos de *Mindfulness* para combater estes sintomas, nomeadamente a depressão. Existem estudos que demonstram que o *Mindfulness* pode ser tão eficaz como a medicação no tratamento da depressão. Por outro lado, existem estudos que demonstram que o exercício físico tem o mesmo resultado. Aliás, de acordo com a investigação levada a cabo pelo Instituto Karolinska, na Suécia, a prática de três meses de exercício físico apresenta resultados iguais aos do tratamento com medicamentos antidepressivos. Em geral, parece que é mais fácil demonstrar os efeitos positivos do exercício físico do que os do *Mindfulness* e da meditação, sendo o ioga a modalidade que mais resultados positivos tem demonstrado, tanto no tratamento da depressão como da ansiedade. Talvez por ser um exercício que é obrigatoriamente praticado de uma forma *Mindful* e que tem uma filosofia muito especial por detrás.

Parecem existir várias razões responsáveis pelos efeitos positivos do exercício físico. Alguns deles, como o aumento da serotonina e da noradrenalina, são semelhantes aos dos medicamentos. A prática de exercício aumenta ainda a produção de endorfinas, o que nos faz sentir bem. Mas o exercício estimula também a concentração e a memória, contribui para uma autoestima mais forte e ajuda a dormir melhor.

Ou seja, é importante praticar exercício físico, não só para cuidar do corpo, o seu templo, e alcançar os benefícios óbvios na saúde física, como também para tratar da saúde mental.

⇉ O CONVITE DO IOGA ⇇

Mais uma vez, esta sábia conclusão não é uma descoberta recente. As filosofias orientais há muito que conhecem bem esta importância. Treino de força e flexibilidade e algum treino cardiovascular, como se faz, por exemplo, no ioga, são uma rotina de exercício que o mantém saudável e forte durante a Vida toda. Física e mentalmente.

O ioga é uma prática focada na integração corpo-mente, para ajudar o praticante a conectar-se com o coração e o espírito. Complementado com a meditação, fomenta o estado *Mindful* que lhe permite viver a Vida através do coração. O ioga é a minha atividade física preferida, precisamente por ser tão rica. Fortalece tanto o corpo como a mente. Sentar-me no tapete de ioga, para mim, funciona como um *reset*. O ioga obriga-me a estar aqui e agora, presente, em mim, no meu corpo e no meu coração.

Cada respiração mantém-me presente e as posturas oferecem-me força, estabilidade e equilíbrio. Cada momento é um convite à prática das atitudes de *Heartfulness*. A cada momento sou desafiada a entrar na minha zona de vulnerabilidade e a sentir autocompaixão. O ioga ajuda-me a criar espaço para mim e oferece-me a clareza de que preciso para conhecer os meus limites e para saber o que realmente quero. Sinto gratidão por tudo o que o meu corpo, o meu templo, faz por mim todos os dias. Vejo cada aula como uma possibilidade de me amar e estimar mais. Quando realmente me entrego à prática, sinto que sou completa e que mereço tudo o que a Vida me oferece, e muito mais.

Como já foi referido, os benefícios do ioga têm sido cientificamente comprovados, e esta modalidade alcançou já lugar de destaque enquanto melhor atividade para obter equilíbrio emocional. Mas existem outras atividades, menos faladas, mas com o mesmo tipo de benefícios. O *surf*, por exemplo. Os surfistas descrevem-no como a mistura de uma experiência meditativa com uma experiência atlética. Os estudos comprovam que os surfistas têm níveis significativamente mais baixos de sintomas de depressão e ansiedade e respondem melhor ao *stress*.

O que o ioga e o *surf* têm em comum é o facto de o praticante estar plenamente presente durante a prática. São ambas atividades *Mindful*. Se o surfista estiver a pensar na lista de compras que vai fazer mais tarde não consegue apanhar a onda. Se o *yogi* começar a pensar na discussão que teve com o companheiro ou companheira, enquanto está a fazer uma posição invertida, vai cair. Embora seja uma grande adepta do ioga, pessoalmente acredito que não precisamos de praticar ioga ou *surf* para termos a mesma experiência e alcançarmos os mesmos benefícios. Podemos combinar essa presença plena com praticamente qualquer tipo de exercício físico, experienciando o momento presente, exatamente como ele é, durante a nossa atividade.

Partilho aqui algumas dicas para transformar o exercício numa experiência *Mindful*. São cinco passos que o vão ajudar a transformar o treino numa atividade de consciência plena.

1. **A Intenção**

   Antes de começar, pense na sua intenção para esse momento. Como é que se quer sentir? O que vai fazer, especificamente? Como já sabe, a intenção prepara o caminho para a manifestação do que quer. A intenção também foca a mente na tarefa e tudo se torna mais fácil. Para onde vai a sua atenção, vai a sua energia. Simples!

2. **A Respiração**

   Exatamente como quando pratica meditação, faça da respiração uma âncora. Essa é a chave para uma prática *Mindful*. Através da respiração, pode criar um ritmo que o mantém no aqui e agora e, cada vez que a mente fugir, redirecione-a, com gentileza, para a respiração. Já sabe que pode redirecionar a mente quantas vezes quiser. Seja como for, está tudo bem. Mantenha este foco enquanto também se concentra em fazer tudo o que está a fazer, adaptando o ritmo à intensidade de cada exercício. Este ritmo proporciona uma ligação forte entre corpo, mente e coração. Cria presença e vitalidade (e carrega o corpo com muito oxigénio, o que é necessário quando faz um grande esforço!).

3. **O Corpo**

   Antes de começar, conecte-se com o corpo. Sinta mesmo o que se está a passar nele. Durante o exercício, esteja atento a uma eventual tensão, dor ou desconforto, e também a sensações agradáveis. Faça sempre escolhas que beneficiem mais o corpo. Lembre-se de que está a fazer exercício por si e não pelos outros. Não tem nada a provar a ninguém.

4. **O Ambiente**

   Esteja onde estiver, repare no ambiente à volta. Na temperatura, nos cheiros, nos sons, na luz.

5. As Atitudes

A prática de exercício é excelente para utilizar as atitudes de *Heartfulness*. Comece por criar Abertura para o exercício que vai fazer. Não-julgue a sua experiência. Tenha paciência consigo e o seu corpo. Faça cada exercício, cada sequência, cada passo com uma Mente de Principiante. Tenha confiança em si, no seu corpo e nas suas capacidades. Não faça esforço emocional. Aceite a experiência que está a ter. Deixe ir as expectativas, a necessidade de controlo e o desejo de que estivesse a obter resultados diferentes. Seja generoso consigo mesmo, demonstre ao seu corpo a mesma generosidade que o seu corpo lhe demonstra a si.

Quando aprende a praticar exercício desta forma nota uma grande diferença. Consegue separar-se do seu próprio ego e mente e, com compaixão, observa todas as distrações que estes produzem, principalmente quando já está muito cansado, no limite, com o suor a escorrer. Verá claramente a impermanência dos pensamentos, que tudo é um vaivém num grande espaço de consciência, enquanto o seu verdadeiro Eu mantém-se estável, equilibrado, compassivo e em paz, no momento presente.

"**Para sentir paz não precisa que a sua Vida seja um jorro de felicidade. Precisa apenas de ser capaz de criar um estado de felicidade no normal caos de uma Vida agitada.**"
Jill Bolte Taylor

⇛ COMER DE FORMA *MINDFUL* ⇚

Estamos constantemente a ser bombardeados com ideias e dicas sobre a melhor dieta ou a forma mais saudável de comer. O que devemos comer e o que não devemos comer. Mas, mais uma vez, antes de podermos escolher o que comer, que dieta seguir e o que fazer em relação à nossa alimentação, temos de ganhar consciência. E é aqui que entra o *Mindful Eating*, um conceito que combina *Mindfulness* com a nossa relação com a comida, refletindo não apenas sobre o quanto e quando, mas também no como e porque comemos. *Mindful Eating* não é uma dieta ou forma rápida de resolver questões de peso. Aliás, não é algo que deva ser feito apenas por quem quer emagrecer. É para todos. Em relação às escolhas de alimentação, muitas pessoas utilizam o "cérebro reptiliano", a amígdala. Quando tomamos decisões com essa parte do cérebro somos mais impulsivos e não temos um processo reflexivo antes de fazer uma escolha. Quando uma escolha é precedida de um tempo de reflexão, utilizamos o córtex pré-frontal, a parte do cérebro que nos ajuda a tomar decisões conscientes. Quando praticamos *Mindfulness*, treinamos e desenvolvemos essa parte do cérebro, em vez de deixarmos a amígdala decidir. E isso é um processo especial quando queremos estar mais conscientes em relação à nossa alimentação e à forma como nutrimos o nosso corpo.

Muitas pessoas comem a correr. Passamos pouco ou nenhum tempo a comer, apenas a comer. Normalmente fazemos outras coisas enquanto comemos. Conversamos, vemos televisão, lemos uma revista ou passamos pelo *feed* do Facebook. Não estamos no aqui, presentes, quando comemos. Tal como o sono, muitas vezes olhamos para a comida como um mal essencial. Temos de comer para sobreviver e, quanto mais rápido o fizermos, melhor. No dia a dia não prestamos atenção aos sabores, cheiros, cores e texturas.

Lembro-me muito bem da primeira vez que experimentei *Mindful Eating*. Foi durante um retiro de silêncio com alguns monges budistas da comunidade do Thich Nhat Hanh (o líder espiritual budista de quem tanto falo e uma referência no *Mindfulness* e *Mindful Eating*). Comi muitas coisas diferentes, de acordo com as instruções que me deram (e que também vou dar daqui a pouco), e lembro-me particularmente dos brócolos. Nunca tinha comido brócolos assim. Não sabia que o verde dos brócolos é o verde só dos brócolos. Não há outro verde igual. Nunca tinha sentido a textura rugosa das pequenas flores e a suavidade do pé. Nunca tinha sentido o verdadeiro sabor, único, uma mistura de doce com um pouco de amargo.

Mas praticar uma alimentação *Mindful* não significa apenas que estamos atentos à comida, mas também à forma como comemos e como aquilo que comemos afeta o nosso ambiente. Comer de forma *Mindful* engloba prestar total atenção à comida – quando a compra (o tipo de escolhas que faz e as marcas ambientais que deixa), prepara, serve e consome. Significa também aprender a ouvir os sinais do corpo, refletir sobre as razões por que comemos e alterar condicionamentos pouco saudáveis. Parece óbvio que comemos porque temos fome, mas nem sempre é esse o caso. No fundo, podemos dizer que existem quatro razões para comermos:

1. A fome

Comemos para satisfazer a necessidade básica de nutrir o corpo. A fome pode manifestar-se de várias formas. Podemos começar a ouvir sons na barriga ou a sentir um ardor no estômago, mas também podemos observar alguns sinais, como cansaço ou irritabilidade.

2. O hábito

Comemos porque estamos habituados a comer de acordo com um certo horário, certos intervalos ou numa certa situação. Também existe o hábito do tipo de alimentos que escolhe. Talvez tome sempre uma meia de leite e um pão com queijo ao pequeno-almoço, não porque reflita sobre o que o seu corpo quer e necessita naquele momento, mas porque, simplesmente, é o que sempre come.

3. A situação social

Come porque as pessoas à sua volta estão a comer ou porque alguém lhe oferece comida (não quer necessariamente dizer que come de mais).

4. A compensação

Utiliza a comida para satisfazer necessidades emocionais. Acontece por várias razões diferentes, por exemplo, quando nos sentimos stressados ou tristes. A comida transforma-se numa forma de suavizar as emoções dolorosas que estamos a sentir.

Por que razões come? Repare na forma como ingere a comida durante os próximos dias. O foco não está no que come, mas no porque come. O que consegue observar?

Pode praticar Mindful Eating com qualquer tipo de comida, desde um gelado, um menu *fast food* ou um prato macrobiótico. Mas o que normalmente acontece, quando o processo de escolha de alimentação se torna mais consciente e, ao mesmo tempo, mais intuitivo, é que acabamos por fazer escolhas saudáveis. Deixo abaixo os oito principais itens que procuro seguir no meu dia a dia.

COMA DE FORMA
MINDFUL

1. **Faço uma lista de compras consciente.** Penso nas minhas necessidades nutricionais e nas da minha família. Procuro escolher produtos biológicos e dou preferência aos não processados.

2. **Não sou escrava de hábitos.** Quando não tenho fome, não tenho fome, e não como. Também não quero sentar-me à mesa com demasiada fome. É difícil ser *Mindful* quando só se quer comer, seja o que for!

3. **Começo com uma porção pequena.** Fui educada na ideia de que tem de se comer tudo o que está no prato. Acredito profundamente que uma das razões para a obesidade do meu pai é o facto de ele "ter" sempre de comer tudo o que está no prato. Mais vale colocar porções pequenas e repetir, se for necessário!

4. **Antes de começar a comer procuro apreciar a comida.** Contemplo o processo necessário para eu poder ter aquela comida no meu prato. Todos os passos, todas as pessoas envolvidas. Sinto uma enorme gratidão por ter aquela comida à minha frente.

5. **Como com todos os meus sentidos.** Enquanto cozinho, quando me sirvo e aos outros, enquanto como, presto atenção aos aromas, cores, texturas, sons e sabores. Às vezes, faço uma brincadeira com os meus filhos, pedindo-lhes para identificarem os diferentes legumes que estão na sopa ou as especiarias utilizadas num prato.

6. **Coloco pouca comida na boca de cada vez.** Desta forma, é mais fácil sentir todos os sabores. Também aprendi uma coisa interessante com o meu filho mais novo: ele pousa o talher entre cada colherada que mete à boca. Uma excelente dica para praticarmos *Mindful Eating*.

7. **Mastigo o máximo possível.** No retiro de que falei há pouco, instruíram-nos a mastigar cada garfada no mínimo 30 vezes. Não é fácil, mas será surpreendido pela sinestesia de sabores! E estará já a tratar de uma parte essencial do metabolismo.

8. **Procuro comer lentamente.** Quando fui mãe, uma das coisas que mudou muito foi a forma como comia. Comecei a comer a uma velocidade louca. Quando tomei consciência disso, decidi procurar fazer diferente.

⇒ COMER DE FORMA *HEARTFUL* ⇐

O que comemos e a forma como comemos tem um enorme impacto nas nossas Vidas. Quando transformamos os nossos hábitos de alimentação, a forma como compramos e preparamos a comida e a forma como a ingerimos, num processo consciente, entendemos verdadeiramente o impacto, quer em nós, quer nos outros, e até no mundo. Tenho a intenção clara de cultivar os meus hábitos de *Mindful Eating* e quero convidá-lo a fazer o mesmo. *Mindful Eating* não é apenas sobre mim, é sobre todos nós. É sobre fazer as escolhas alimentares a partir do coração, com o todo em mente, fazendo opções conscientes, tendo em conta o impacto em mim, nos outros, no planeta e em todos os seres que nele habitam. Quando decido o que é certo e errado não posso pensar apenas em mim e no que é mais conveniente para mim. Tomar decisões conscientes em relação à minha alimentação não tem que ver só comigo. Tenho de questionar o que é melhor para o todo, olhar com o coração e avaliar se as minhas decisões são realmente éticas. Assim, posso passar a praticar *Heartful Eating*.

Se quero viver a minha Vida em Amor e com Amor, faz mesmo sentido abraçar o meu cão e depois colocar um grande bife no prato? Faz sentido sentir pena do passarinho que magoou a asa e querer salvá-lo quando a seguir vou comer coxas de frango? São estas perguntas que temos de fazer. E temos de procurar as respostas, livres de crenças, questionando se somos escravos da conveniência. Podemos começar com passos pequenos para depois podermos fazer mais. Comece por questionar de que forma as decisões alimentares afetam toda esta família térrea. Opiniões pessoais, hábitos culturais, crenças religiosas e espirituais podem ser muito fortes, e podemos estar muito apegados aos mesmos, mas olhe o mais objetivamente possível, com presença plena, para as suas escolhas, pense nas suas intenções e decida qual o impacto que quer ter.

PARA REFLETIR

Que pequena mudança poderia implementar agora nos seus hábitos alimentares com um impacto positivo no mundo? Está disposto a implementar esta mudança agora mesmo?

CINCO INTENÇÕES PARA UMA ALIMENTAÇÃO *HEARTFUL*

Se sente que quer assumir uma maior responsabilidade por si e pelo nosso planeta, e que é hora de começar a praticar *Heartful Eating*, então é altura de formular algumas intenções nesse sentido. Para ajudá-lo no caminho, partilho aqui cinco intenções para essa prática:

1. Vou ter em atenção o impacto que as minhas escolhas alimentares têm em mim, na minha família, nos outros seres vivos e no ambiente. Isso significa que vou procurar saber mais sobre nutrição, impacto ambiental e ética animal. Sei que cada passo consciente é um passo na direção certa.

2. Vou sentir e mostrar gratidão pela possibilidade de ter comida no prato, todos os dias, várias vezes ao dia.

3. Vou saborear a comida, comer lentamente e sem distrações. Utilizarei o momento da refeição como uma prática de *Mindfulness*.

4. Vou ter em atenção a quantidade de comida ingerida e as razões pelas quais como.

5. Vou apreciar todo o processo necessário para poder ter comida no prato. As pessoas envolvidas, o trabalho necessário e a contribuição da Mãe-Natureza. Vou honrar a história que cada alimento leva até ao meu prato.

Para cuidar bem da mente e do corpo incrível que lhe foi oferecido, e que está incondicionalmente presente para si todos os dias, tem obrigatoriamente de assumir responsabilidade pessoal. Ninguém vai dormir, fazer exercício ou comer por si. Apenas você pode fazê-lo.

E pode começar agora. Não é necessário esperar até ao início do próximo mês, até ao final do ano ou até depois de outra coisa qualquer. A mudança pode começar agora. Quando acabar de ler este capítulo, o que vai fazer para tomar conta de si e assumir responsabilidade pelas suas necessidades?

MOMENTO HEARTFUL

Respire fundo, sente-se numa posição alerta mas relaxada. Invista alguns instantes para chegar até este momento presente. De seguida pergunte-se: O que posso fazer para cuidar mais de mim? Deixe as respostas aparecerem sem esforço. Deixe-as aparecer a partir do coração. Com calma e tranquilidade. Se não aparecer nenhuma resposta, está tudo bem. Não force. Respire fundo e acabe o exercício. Volte a experimentar mais tarde.

CONVIDO-O AGORA A FAZER A **MEDITAÇÃO DO AUTOCUIDADO**, DISPONÍVEL NA APP MIAFULNESS E EM WWW.PORTOEDITORA.PT/MIAFULNESS

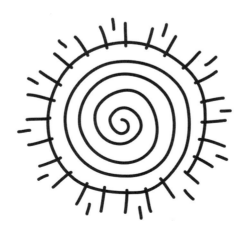

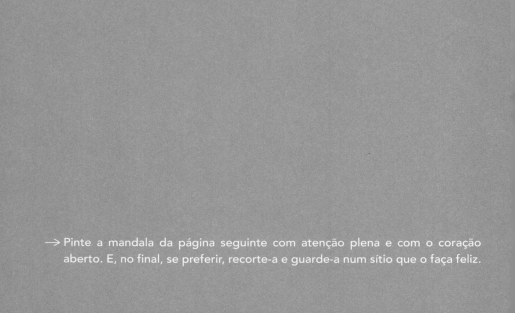

→ Pinte a mandala da página seguinte com atenção plena e com o coração aberto. E, no final, se preferir, recorte-a e guarde-a num sítio que o faça feliz.

A MANDALA DA VIDA

No último retiro que organizei na Índia, uma das participantes, a Susana, empresária e mãe de três meninas, usou uma metáfora para explicar o que representava para ela a viagem que estávamos a fazer. A Susana dizia que se sentia como um disco rígido cheio de coisas de que ela precisava e não precisava, e com alguns vírus. O retiro significava a oportunidade de fazer *reset* e de instalar um *software* novo. Ela dizia que sentia necessidade de se livrar de toda a codificação e de todas as instruções programadas há muito e que já não lhe serviam. Estava com vontade de desinstalar todos os programas alojados e reinstalar apenas aqueles que realmente lhe serviam, que estavam alinhados com as suas intenções e o seu coração. E durante o retiro tencionava encontrar *software* novo e instalar programas verdadeiramente úteis, programas *Mindful* e *Heartful* que lhe pudessem servir a ela, bem como às pessoas à sua volta, em amor. Segundo a própria, fez a viagem "porque precisava de reencontrar a Susana que tinha perdido pelos caminhos e afazeres da Vida". Depois de duas semanas na Índia, numa enorme viagem interior, a Susana disse que se encontrou e que descobriu "também amor, humildade, bondade e a simplicidade de ser e estar". Na realidade, acredito que o que ela encontrou esteve dentro dela o tempo todo. Embora a Índia contribua com a sua magia, a Susana poderia, provavelmente, ter feito a mesma descoberta e o mesmo trabalho em casa.

O que ela precisava era de espaço e de tempo que lhe permitissem fazer o tão desejado *reset* e uma nova instalação.

Neste capítulo, quero propor-lhe uma ferramenta para que possa fazer o seu *reset*, para saber o que é necessário reinstalar e instalar. Quero mostrar-lhe a Mandala da Vida.

A IDEIA UNIVERSAL
⇥ DA MANDALA ⇤

Mandala é uma palavra de origem sânscrita que significa círculo. As mandalas são utilizadas em diferentes culturas e tradições, como símbolo de união, harmonia e integração, e como um objeto de meditação. A própria criação da mandala é também uma forma de meditação. A mandala é muito mais do que um padrão. Pode ser vista como um modelo de estrutura da Vida, ou um cosmograma, uma espécie de mapa do Universo que nos lembra a nossa relação com este. O conhecido psicoterapeuta Carl Gustaf Jung, uma das primeiras pessoas no Ocidente a utilizar a pintura de mandalas no seu trabalho, dizia que era também um psicocosmograma, mostrando o interior do seu criador.

A criação de uma mandala é uma tarefa meditativa que requer presença e que ajuda a desenvolver a capacidade de acalmar e focar. Por alguma razão, o mercado de livros de pintura de mandalas está a prosperar!

"A visão integrada do mundo representada numa mandala, usada há muito por algumas religiões orientais, começa agora a chegar a algumas religiões ocidentais e culturas seculares. A consciência da mandala pode ter o potencial de mudar a forma como nos vemos, como vemos o planeta, e até o nosso propósito de Vida."
Bailey Cunningham, *Mandala: Journey to the Center*

Jung observava que, através do desenho, o motivo do círculo desvendava-se espontaneamente, representando o seu estado interior naquele momento. Jung conhecia as escrituras filosóficas indianas e escolheu a palavra *mandala* para descrever estes desenhos, que tanto ele como os seus pacientes faziam. Na sua biografia, Jung escreveu:

"Todas as manhãs eu desenhava um pequeno círculo no meu bloco de notas... que parecia corresponder ao meu estado de espírito do momento... Gradualmente, fui descobrindo o que é uma mandala... o Eu, a completude da personalidade que, estando tudo bem, é harmoniosa."

Carl Jung, *Memories, Dreams, Reflections*

Jung reparou que a vontade de fazer mandalas aparecia em momentos de intenso crescimento pessoal. Já Marie-Louise von Franz, psicoterapeuta e continuadora do trabalho de Jung, escreveu:

"A mandala serve um propósito conservador – nomeadamente o de restaurar uma ordem pré-existente. Mas serve também o propósito criativo de conceder expressão e forma a algo que ainda não existe, algo único e novo... O processo é o da espiral ascendente, que cresce para cima, enquanto, em simultâneo, regressa uma e outra vez ao mesmo ponto."

Man and His Symbols

Gosto de dizer que a nossa Vida é como uma mandala, composta por diferentes partes que criam um todo. As nossas mandalas são, muitas vezes, criações complexas de crenças e condicionamentos. Uma complexidade que achamos que nos define, mas que, pelo contrário, pode impedir o nosso crescimento.

Os budistas tibetanos têm o hábito de destruir as mandalas que fazem. Passam horas a criar e a decorar cuidadosamente uma mandala para depois, simplesmente, a destruírem. É como uma representação da impermanência da Vida. Tudo o que está à nossa volta fica um pouco para depois, inevitavelmente, partir...

Abraçar esta mudança constante não tem necessariamente de ser nostálgico ou triste. Esta ideia e o seu entendimento ajudam-nos a perceber o tal *reset* que a Susana tanto queria. Somos nós que criamos a mandala da nossa Vida e ela pode conter aquilo que queremos. Tenho descoberto que, olhando para a nossa mandala com os "ingredientes" propostos neste livro, criamos uma relação *Mindful* e *Heartful* com a nossa Vida, promovendo um bem-estar profundo, de dentro para fora. A mandala que fazemos não depende de recursos exteriores. A verdadeira Mandala da Vida é criada através do nosso interior, e o seu centro é a autoestima. Na realidade, é um simplificar de tudo. As únicas coisas que nos podem impedir de simplificar e de criar esta mandala são o nosso ego, os filtros e as crenças que carregamos connosco. A nossa mandala pode ter um aspeto muito bonito, com muitos detalhes e pormenores. Podemos ter uma carreira de sucesso, roupa elegante, uma casa grande, mas tudo isso é transitório, impermanente. Vem, fica um pouco e vai. Há tantas coisas que podem acontecer que mudam o aspeto da mandala que se esforçou tanto para criar. Aqui encontra um convite para simplificar e fazer uma mandala diferente, com o que realmente interessa para viver a Vida que quer viver. Escolher o caminho do *Mindfulness* e do *Heartfulness* é escolher simplificar a Vida. A mandala que o convido agora a criar vai permitir-lhe entender melhor por onde começar. Funcionará como uma bússola que o irá guiar, de forma a saber onde está o seu norte.

⇒ A MANDALA DA VIDA ⇐

Atente agora na Mandala da Vida da página 203. No centro da mandala fica a sua autoestima. À volta, encontra seis fatias que representam as suas intenções, a sua mente, a vulnerabilidade, a autocompaixão, os seus limites pessoais e o cuidado pessoal. A rodear todas as fatias está o *Heartfulness*. Gostaria de convidá-lo a pintar a sua mandala tal como vê a sua Vida neste momento. Ao pintar cada parte, leve a energia que essa parte representa no seu coração. Pinte de uma forma *Mindful*, observando como se sente enquanto pinta. Lembre-se dessa sensação. Deixe ir as histórias e eventuais dramas que a sua mente esteja a criar. Recorde o que aprendeu nos capítulos anteriores sobre cada área nomeada nas fatias. Está a criar uma representação externa do seu interior.

Avalie a forma como se sente nas áreas da sua Vida tendo em conta todas as aprendizagens que fez até aqui. Atribua uma classificação, numa escala de 0 a 10, à forma como se vê em relação a cada área da sua Vida, sendo que 0 significa que ainda tem um percurso longo a fazer para se sentir bem, e 10 que se sente plenamente confortável nessa área. Pinte o número respetivo de corações na área correspondente da sua mandala (por exemplo, se a sua avaliação for de 5 pontos em termos de autocompaixão, pinte 5 corações nessa área).

Como está a sua autoestima?
Até que ponto vive com intenção? Como está a sua mente?
Tem coragem de se vulnerabilizar? Qual é o seu nível de autocompaixão?
Como cuida de si? Conhece bem os seus limites? Estabelece-os com clareza?

Se preferir, pode criar a sua própria Mandala de raiz.

INTENÇÕES

A MENTE

LIMITES
PESSOAIS

AUTOESTIMA

AUTOCUIDADO

VULNERABILIDADE

AUTOCOMPAIXÃO

UM SÍMBOLO
⇒ NO SEU INTERIOR ⇐

Esta é a sua mandala deste momento, um símbolo inspirador que representa o seu interior. Este exercício contribuirá para que abra cada vez mais o coração e fique mais próximo do seu centro, da sua essência. Também o ajudará a perceber onde pode evoluir, o que realmente quer fazer, que ações pode tomar... tanto no que é para começar a fazer, como no que é para deixar de fazer.

Depois de ter trabalhado na mandala, escolha as áreas prioritárias a focar. Não vale a pena escolher todas ou muitas áreas, comece por selecionar, no máximo, três. Ao trabalhar uma área está automaticamente a influenciar as outras. Responda a estas perguntas para definir o que pode fazer para trabalhar as áreas escolhidas.

REFLEXÃO *MINDFUL*

→ O que posso fazer para me sentir como me quero sentir e para ser como quero ser neste preciso momento?

→ O que posso fazer para me sentir como me quero sentir e para ser como quero ser hoje?

→ O que posso fazer para me sentir como me quero sentir e para ser como quero ser esta semana?

→ O que posso fazer para me sentir como me quero sentir e para ser como quero ser nas próximas duas semanas?

→ O que posso fazer para me sentir como me quero sentir e para ser como quero ser durante o próximo mês?

Não deve divagar ou ser pouco conciso. Palavras como *talvez* não encaixam aqui. Seja concreto e específico quando pensa nas ações a levar a cabo e descreva concretamente o que vai fazer.

As respostas poderão ser algo do género:

> → Neste momento, vou definir as minhas intenções. Vou rever o capítulo sobre as intenções e fazer já esse trabalho.
>
> → Hoje vou buscar os meus filhos à escola com paz e tranquilidade, sem pensar no trabalho, totalmente disponível para eles. Para isso, antes de sair do carro farei uma pequena meditação sobre a respiração durante três minutos.
>
> → Vou dar um grande passo e cuidar mais de mim. Como marco desta nova era, vou fazer um retiro sozinho/a. Esta semana pesquisarei alternativas e decidirei aquele que quero frequentar.
>
> → Amanhã vou ao estúdio de ioga perto de minha casa perguntar preços e horários e experimentar duas aulas. Se gostar, faço mais duas aulas experimentais na semana seguinte. Se não gostar, volto daqui a duas semanas ao ginásio onde estive inscrito no ano passado.
>
> → No final deste mês, na reunião mensal com o meu chefe, vou falar das dificuldades que estou a sentir com a minha equipa. Na reunião, quero estar tranquilo e ser assertivo. Para me preparar emocional e mentalmente, farei uma das meditações guiadas deste livro todos os dias de manhã.

Provavelmente apercebeu-se de que estamos aqui a trabalhar em aspetos a relativamente curto prazo. Bom, este é um processo vivo e dinâmico que só terá fim no dia em que partir. Ou seja, pode refazer a sua mandala com alguma frequência, aliás, recomendo mesmo que o faça! Até no dia em que tenha todos os corações preenchidos… Vale sempre a pena criar a sua Mandala da Vida, simbolizando o estado de espírito que sente num determinado momento. Só o facto de estar a desenhar a mandala servirá de alavanca para um novo e maravilhoso processo. Não tem de saber exatamente o que quer e o que é para fazer, tem apenas de começar. Como dizia Shams Tabrizi: "Não interessa saber aonde o caminho nos leva. Foque-se apenas no primeiro passo. O resto surgirá…"

⇀ QUERO? POSSO? DEVO? ↽

Muitas vezes, quando decidimos ser a nossa primeira prioridade, somos assolados por dúvidas e incertezas. Se isso acontecer, pode colocar três perguntas para conseguir avaliar as ações que se está a propor fazer.

Quero mesmo fazer X?
Posso mesmo fazer X?
Devo mesmo fazer X?

Pela minha experiência, muitas pessoas ficam presas à última pergunta. A mente conta grandes histórias, inventando razões aparentemente lógicas e certas para não fazer o que pretendem e podem fazer. Se chegar à pergunta *Devo?* e a resposta for *Não!*, tendo as respostas às questões *Quero?* e *Posso?* sido *Sim!*, então convido-o a voltar ao capítulo que aborda a mente e os seus pensamentos, e uma nova pergunta irá surgir: Será mesmo verdade que não devo? Se a resposta ao *Posso?* for *Não!*, pode fazer o mesmo. Será uma resposta verdadeira? Muitas vezes, estes *não* são respostas condicionadas por crenças e julgamentos que fazemos e que limitam as nossas ações. E que não correspondem à verdade.

Tal como fez com as suas intenções, pode colocar a sua mandala num sítio visível, pelo qual passa todos os dias, talvez no espelho da casa de banho, ao lado do computador ou da cama. Olhe sempre para a sua mandala com todas as atitudes de *Heartfulness*. A sua Mandala da Vida é preciosa, ao mesmo tempo que é impermanente. Exatamente como a Vida em si. A Mandala é uma materialização que representa a responsabilidade que está a assumir por si e pela sua Vida, pelo seu amor-próprio. A Mandala mostra como a sua felicidade está sempre nas suas mãos. É um mapa, ou até uma chave para uma enorme caixa de tesouros que está dentro de si. Mostra-lhe como pode ser livre das expectativas dos outros e das suas próprias expectativas. Como não necessita de ser um escravo da sua mente, de regras e deveres. Representa o valor infinito que você tem.

Faça a sua Mandala Agora. Não espere até se sentir preparado. Nunca ninguém está completamente preparado para nada. "Estar preparado" praticamente não existe. O que existe é o Agora. Este preciso momento. E mais vale fazer o que tem para fazer. Agora. Agora é sempre o melhor momento. Faça, Agora, e independentemente do que acontecer, está tudo bem. Ao fazer, inicia o seu processo de começar a fazer amor com a Vida.

MOMENTO HEARTFUL

Uau! Chegamos ao fim, mas é apenas deste livro.
Cada momento é um começo e um fim. Acontecendo apenas
uma única vez. Respire fundo, feche os olhos e observe como
se está a sentir neste momento. Observe o que está a pensar.
Que tipo de sensações, emoções e pensamentos se estão a
manifestar em si como resultado da leitura deste livro e dos
exercícios e meditações que tem feito? Seja o que for que
estiver a observar, está tudo bem. Não existe certo ou errado.
Se não conseguir observar nada em particular, não tem mal,
é como é para si neste momento.

CONVIDO-O AGORA A FAZER A **MEDITAÇÃO DA INTEGRAÇÃO**, DISPONÍVEL
NA APP MIAFULNESS E EM WWW.PORTOEDITORA.PT/MIAFULNESS

LISTA DAS
⇀ MEDITAÇÕES GUIADAS ↽

No final de cada capítulo, pode ouvir uma meditação guiada pela própria autora, sugerida no "Momento Heartful". Abaixo, encontra a lista das meditações por temática:

DO *MINDFULNESS* AO *HEARTFULNESS*
MEDITAÇÃO METTA

A SUA VULNERABILIDADE — UMA FORÇA
MEDITAÇÃO DA VULNERABILIDADE

VIVA COM INTENÇÃO
MEDITAÇÃO DAS INTENÇÕES

**VEJA A PERFEIÇÃO NA IMPERFEIÇÃO
(ATRAVÉS DA AUTOCOMPAIXÃO)**
MEDITAÇÃO DA AUTOCOMPAIXÃO

OS DRAMAS DA MENTE
MEDITAÇÃO DOS PENSAMENTOS

**DIGA *NÃO* COM A CONSCIÊNCIA
TRANQUILA**
MEDITAÇÃO DOS LIMITES PESSOAIS

O SEGREDO DA AUTOESTIMA
MEDITAÇÃO DA AUTOESTIMA

DORMIR, COMER, TREINAR
MEDITAÇÃO DO AUTOCUIDADO

A MANDALA DA VIDA
MEDITAÇÃO DA INTEGRAÇÃO

⇒ AGRADECIMENTOS ⇐

Existem sempre muitas pessoas para agradecer. Todas as pessoas que me têm inspirado para poder escrever este livro e todas as pessoas da Porto Editora. Os meus filhos. E este projeto em particular não poderia ter acontecido sem a presença de duas pessoas:

Mónica Magalhães, minha editora e amiga, obrigada pela tua paciência, pela alegria e pela dedicação.

Pedro, meu companheiro de Vida, obrigada pela paciência, pelas conversas e pelo teu Amor.